united p.c.

I0324039

Alle Rechte der Verbreitung, auch durch Film, Funk und Fernsehen, fotomechanische Wiedergabe, Tonträger, elektronische Datenträger und auszugsweisen Nachdruck, sind vorbehalten.

Für den Inhalt und die Korrektur zeichnet der Autor verantwortlich.

© 2013 united p. c. Verlag

Gedruckt in der Europäischen Union auf umweltfreundlichem, chlor- und säurefrei gebleichtem Papier.

www.united-pc.eu

Jenny Be

Triebe scheuer Rehe

…und wie man schüchterne ihrer Art auf Abwege bringt…

Inhaltsverzeichnis

Sex 13
   Wie viele Männer braucht eine Frau? 15
   Haarige Angelegenheit 19
   Für Sex ist man nicht immer ganz ehrlich 21
   Ein Gentleman schweigt und genießt 24
   Sie „kommt", damit er bleibt 26
   Sex is all around us 29
   Kopf aus und ab geht die Lucy 33
   Ein großes Kompliment: Sex 37
   Intimität 40
   Odeur corporelle 43
   Wie die Nase… 46
   Gib mir deinen Saft… und leg Hand an, Babe! 49
   69 oder doch 96.. 52
   „Wir hatten keinen Sex, sondern nur Oralverkehr…" 54
   Piekser und Wühler 58
   Überbleibsel 63
   Manche mögen's wild(er) 66
   Sexuelle Blütezeit 68
   Die Orgasmusgarantie 72
   You can leave your had an 75
   Handjob 77
   Kiss me, stranger 79
   Sanfte Worte 82
   Fingerspiele 84
   Der Grafenberg… 86
   Hui, wie das glänzt 88
   Take your time 90
   Lochbrüder? 92

Kratz mich! Beiß mich! Gib mir Tiernamen.. 95
Treu mit dem Ex? 97
Zuckerbrot und Peitsche 101
Telefonsex 103
Spielbegleiter 106
Spielbegleiter I 110
Spielbegleiter II 113
Spielbegleiter III 115
Spielbegleiter IV 117
Spielbegleiter V 120
Spielbegleiter VI 123
Spielbegleiter VII 125
Wasser marsch! 127
Just imagine 129
Sex! But why? 131
Touchpoint 134
Kalender 136
Sportlicher Höhepunkt 138
Traurige Statistik 141
Zerreißprobe 143
Keine Zerreißprobe 145
Das Problem mit dem O 147
Nachspiel 151
Wenn die Sternlein am Himmel stehen… 154
Ein scheues Reh 157
Er kann noch so heiß sein… 160
Größe und Können 162
Ist das ein Tacker in Ihrer Hosentasche?.. Oder freuen Sie sich, mich zu sehen? 164
Frauentypen 167
Die Klitoris 169
Die Brust 173

Die Vagina 177
Ein ernstes Wörtchen... 180
Magische Finger 182
Die verzerrte 69... 186
Standfestigkeit im Bett 189
Schmerzhaftes Fremdeln 192
Flirt 195
Märchenzeit 197
Sag ja zum Mut.. 199
Gefühlschaos... 201
Mit guter Laune flirtet es sich gleich viel besser 204
Eine gesunde Portion Egoismus 206
Nicht entscheidungsfreudig 208
Va piano 210
Can touch this 212
Kommet ihr Mädels, oh kommet doch all................. 214
Bitte Lächeln... 216
Winterzeit Pärchenzeit.. 218
I just wanne kiss.. 221
Lippenbekenntnisse... 223
Lachen macht gesund… 225
Sanfte Worte... 227
Hui, wie das glänzt!... 229
Funkenflug.. 231
Wörtliche Schmeicheleien 234
Nice to meet you... 237
Let's go to the mall 240
Meeting.. 243
Textitext 247
Die Traumfrau... 253
Selbstsicherheit ist das neue Sixpack 257
Dicke Dinger 259

Heulsusen ... 261
Hindernislauf: erstes Date ... 263
Hitliste der Männer-Skills ... 270
Like a PUA ... 273
Anziehungspunkt ... 277
Let me be your Valentine ... 280
Schwing deinen Speck ... 283
Verführerischer Flirt ... 286
Risikoliebend ... 290
Ernte reifer Früchte ... 295

und der Rest ... 298
Liebessprache Frau – Mann, Mann - Frau ... 300
Freund und Freund ... 302
Hello again ... 305
It's over now ... 308
It's over now II ... 312
Liebeshass ... 316
Er gehört mir! Nur mir! ... 319
Ohne Worte ... 322
Unmöglich ... 324
„Male chicks" ... 326
Die Gefahr aus dem Internet ... 330
Die erste Liebe, ein prägender Zauber? ... 333
Web-Gossip ... 338
Nee, noch nicht. Aber nachher! Vielleicht ... 340
Toleranz, Eifersucht und Schlampen.. ... 344
Mach mir den Bären ... 350
Backside ... 352
Can't buy me love? ... 354
Sexiest Moments ... 360
Meckre nicht ständig an mir rum! ... 362
„Nu"! ... 364

Was Frauen wollen	366
Urin und Kleintiere	369
Groß gleich groß	371
One more try	373
Bettgeschichten	377
Im Alter liegt die Wahrheit	379
Es kommt auf die Geste drauf an	382
Zögern will gelernt sein	384
It's all about the money, money, money	386
Wissen nebenbei	388
Fremdgehen	389
Versöhnungssex?	389
Shave it	389
Breakfast	389
Schweinkram	390
Die Eier des Columbus	390
Schnibbeleien	390
Nachwort	392
Literatur	396

Vorwort

Die meisten Aufreiß-„How-to"-Bücher für Männer über den Umgang mit Frauen sind von Männern selber geschrieben. Sie berichten hierbei über ihre Erfahrungen. Aber ganz ehrlich? Davon ist sicherlich Einiges beschönigt und überspitzt. Die Autoren geben sich als den Pick-Up-Artist aus, der sie gerne wären; nur wenige von ihnen sind diesen Titel würdig.

Dieses Buch ist daher von keinem wanne-be geschrieben, sondern besticht durch gemachte Erfahrungen, die weitergegeben werden sollen, um die Welt für Frauen etwas schöner zu machen (ja, Kitsch muss ab und zu auch mal sein). Die Erfahrungen sind natürlich nicht nur von mir selber, sondern auch von anderen. Jede wurde danach ausgiebig besprochen und von weiteren Personen für sehr gut empfunden.

Aber warum rede ich lange um den heißen Brei? Einfach lesen, ausprobieren und selber eine Meinung bilden! Viel Spaß dabei!

Sex

Wie viele Männer braucht eine Frau?

Heutzutage ist es schwierig - für beide Geschlechter - die Wünsche und Vorstellungen des Partners zu erfüllen.

Das ist weder männer- noch frauenfeindlich, noch ein Schubladendenken. Allerdings ist es bei vielen noch immer so. Es ist eben alles Biologie.

Frauen sollen sexy und attraktiv, dabei aber nicht eine Schlampe sondern eher unschuldig wirken. Nach Außen ist sie eine Heilige, also ein kleines, süßes Mäuschen, was unschuldig und schüchtern aus der Wäsche guckt, und lieb, wohlerzogen und zuvorkommend ist. Im Bett dagegen eine Sexgöttin, die die Initiative ergreift und auch vor Dirty Sanchez & Co nicht zurück schreckt; aber nur, wenn sie danach sofort wieder die Unschuld vom Lande mimt. (Lady in the street, freak in the sheets).

Frauen wollen selbstständig sein, auf Menschen zugehen und Männern dennoch das Gefühl geben, sie zu brauchen. Kletten sind ebenso unbeliebt wie das Gegenteil, also „Uninteressierte", die sich nicht melden und nicht nachfragen.

Neben der beruflich erfolgreichen Frau mit finanzieller Unabhängigkeit, wünschen sich Männer meist eine Frau, die überdies hinaus auch noch Kochen und Putzen kann. Weitere Zusatzpakete sind Kumpel-Eigenschaften, um mit ihr auch mal Horrorfilme, Sport oder Pornos zu schauen, zu Zocken und Bier zu trinken.

Frauen sollen, weinen und Gefühle zeigen - aber nicht zu viel -, nicht rumzicken, sich ab und an wie eine Tusse verhalten.

Und Männer?

Als Mann soll man ein Traumprinz sein, der romantisch, führsorglich, aufmerksam und liebevoll ist. Mann soll sich um die Frau kümmern, sie pflegen, versorgen, aber zugleich auch Geld nach Hause bringen und unabhängig sein.

Dabei soll der Mann gut aussehen, fröhlich, humorvoll, charmant und eine Mischung aus Gentleman und Kind sein. Wiederum im nächsten Augenblick dann zum Arschloch überzugehen, der die Frau beschützt, aber auch zeigt, wo es lang geht und sich gerne prügelt (bzw. ausstrahlt, dass er alle fertig machen könnte, die ihn in dem Weg kommen) und mit seinen Kumpels feiert und den Macker raushängen lässt. Ach ja, Treue und Aufmerksamkeit dürfen dabei nicht vergessen werden.

Nun stellt sich aber die Frage, wie kann ein Mann das alles erfüllen?

Gar nicht!

Daher wäre es doch viel leichter mehrere Männer zu haben, für jede Lebenslage und -lust einen. (Dann haben es die Männer auch nicht so schwer mit dem Verstellen ;)).

Wie viele Männer braucht eine Frau daher rein theoretisch um ihre ganzen Bedürfnisse als Frau zu befriedigen und ihrem Mann nicht den letzten Nerv zu rauben?

Also,

- ✓ einen Liebhaber, der einer Frau das Gefühl gibt, es gibt noch den Prinz auf dem Schimmel, der sie in jeder Lage rettet, gut kochen kann und zusammen mit ihr Liebesfilme schaut oder romantische Sachen ins Ohr flüstert;

- ✓ einen Beschützer, der sie beschützt, rumpöbelt und auch ein richtiger Kerl ist. Also sich besäuft, mit seinen Freunden abhängt, den ganzen Tag zockt und Poster von nackten Frauen in seiner Wohnung hängen hat, seiner Lady eine Klapps auf ihren Po gibt und dabei Machosprüche raushaut aber auch mal was reparieren kann;

- ✓ einen für die Freizeit, also Shopping, Kultur, Sport;

- ✓ ein Kind, der seiner Liebsten den ganzen Tag im Bett liegt, Zeichentrickfilme aus unserer Kindheit guckt und mit uns Süßigkeiten nascht;

- ✓ einen Liebhaber für richtig guten Sex;

- ✓ einen Charmeur mit Stil, für die eleganten und schimmernden Zeiten, der intelligent ist und von dem wir etwas lernen können.

Insgesamt also sechs. Wobei der Charmeur auch mit dem Prinzen kombiniert werden kann. Guten Sex sollte man mit dem charmanten Prinzen und dem Macho haben, so kommt Abwechslung ins Liebensleben. Und da für Freizeit, Sport und Shopping auch die Freunde herhalten können, sind es nur noch drei Männertypen, die eine Frau glücklich macht.

Männer! Sooo kompliziert ist es dann doch nicht mehr!

Und die Frauen...?

Was für die Bedürfnisse von Frauen gilt, darf für die Männer nicht anders sein. Anstelle sich um die Suche nach der perfekten Frau zu kümmern, sollte Mann sich nach seinen Bedürfnissen spezialisierte Damen anlachen und einfach sein Leben genießen.

Sextipp #1 Handauflegen

Wenn der Mann bei der Frau seine Hand über ihren Venushügel legt - während des Aktes - und diese Stelle leicht drückt. So wird die Gebärmutter etwas weiter nach unten gedrückt, was den Orgasmus der Frau fördert.

Haarige Angelegenheit

"Für jeden die richtige Intimfrisur" prangert es an den Schaufenster der Waxingstudios.

Das ist etwas übertrieben, da Intimfrisuren nicht den Träger ausmachen und definieren. Wiederum ist es durchaus wichtig, auch nackt und somit unten herum gepflegt auszusehen. Ist es zudem auch noch an- und erregend. Aber was bei Frauen schon zur täglichen Prozedur unter der Dusche gehört, ist bei Männern noch etwas verschrien. „Zu viel Arbeit" oder „Es juckt dann immer so". Ja?! Als ob das bei Frauen nicht anders ist.

Eine Komplettrasur erinnert allerdings meist an Kinder und viele fühlen sich hierbei etwas pädophil. Dennoch sollten auch männliche Schamhaare etwas gestutzt und gepflegt sein. Dies ist besonders beim Oralverkehr förderlich und von Vorteil, liebe Herren.

Sextipp #2 Das erogene „Bein"

Eine eher unbekannte erogene Zone bei einigen Frauen und Männern, ist das Ende des Steißbeins. Dieses sanft massiert bringt sie/ihn ziemlich schnell in Fahrt (zusätzlich noch Küsse/Bisse in den Nacken und der Partner wird sich freuen).

Für Sex ist man nicht immer ganz ehrlich

Im Tierreich ist es wie bei den Menschen. Das ist allgemein bekannt.
Aber neu ist, dass Tiere auch für Sex schummeln. Die Listspinne zum Beispiel.

Um Sex mit einem hübschen Listspinnenweibchen zu bekommen, ist es üblich, dass die Männchen ihr ein Geschenk mitbringen. Dieses Geschenk ist zum Beispiel eine kleine Fliege oder andere Nahrung (als Belohnung für den anstrengenden Sex). Dieses Geschenk wird vorab sogar von den Männchen in einem Cocon verpackt und dem Weibchen überreicht.

Nun ist aber manchmal der Trieb stärker, als das Bestreben, ein geeignetes Geschenk zu finden.

Wissenschaftler fanden heraus, dass es in diesem Punkt zwei Gruppen von Männchen gibt. Einmal die, die dann mit einem gefakten Geschenk losziehen - also eine bereits ausgesaugt Fliege, trotz allem schön verpackt- oder die, die lieber ohne Geschenk losziehen, anstatt sich zu blamieren, eine Lüge zu verschenken.

Die Männchen, die ein echtes (und tolles) Geschenk überreichten, wurden mit langem Sex belohnt (also, durften ihren Samen lange übertragen). Diejenigen, die kein oder nur ein Fake-Geschenk dabei hatten, durfte entweder gar nicht oder nur kurz ran.

Aber nicht nur Geschenke öffnen die Schlafzimmertüren der Frauen. Viele lassen sich auch durch Statussymbole beeindrucken.

Neben einem gepflegten Aussehen (was ohnehin schon wichtig ist) sind meist Statussymbole sehr reizvoll; denn sie vermitteln dem Weibchen, dass das Männchen die Nachkommen ausreichend versorgen kann, eine finanzielle Sicherheit bietet oder sie zumindest mit einem Geschenk rechnen kann.

Darum machen die Männer es den Pfauen nach. Protzen und klotzen. Wie die schönen Schwanzfedern dieses Vogels statten sich die Herren mit Autos, Schmuck und teuren Klamotten aus. Dabei sind sie sich der Wirkung sehr bewusst und denken "Statussymbole = heiße Flirts und schneller Sex".

Wenn alle damit d'accord sind, ist es allerdings kein Problem.

Sextipp #3 Drückpunkt

Dass eine Massage anregend und erotisch ist, ist weitestgehend bekannt.

Allerdings haben auch hier die meisten Frauen eine versteckte erogene Zone, die nur mit etwas mehr Krafteinsatz zum Vorschein kommt. Sie befindet sich über den Nieren. Diese Stelle einfach beim Massieren etwas kräftiger (bitte nicht zu kräftig) eindrücken.

Ein Gentleman schweigt und genießt

Frauen reden vielmehr über Sex mit ihrem aktuellen Partner als Männer.

Zwar denken Frauen, dass es genau anders ist, also die Männer mit ihren Geschichten prahlen ("hey, meine Freundin stöhnt voll merkwürdig wenn ich das und das mache"), aber das ist eher nicht so.

Klar, geben sie bis zu einem gewissen Alter mit ihren Eroberungen und Erlebnissen an, aber sobald sie zum Gentleman "herangewachsen" sind, ändert sich dies. Dem sollten sich viele Frauen anschließen.

Denn Sex ist etwas Wunderbares und Zerbrechliches. Guter Sex lebt von Vertrauen, und sobald der Partner erfährt, dass über seine intimsten Situationen mit Dritten gesprochen wird, ist es aus mit dem Vertrauen. Daher sollte Sex nur den beiden Menschen etwas angehen, die ihn haben.

Oder auch der Poet Pablo Neruda sagte:

"Hotels spionieren Gäste aus, Fenster notieren Namen. Sogar die Straßen haben Augen und Parks Agenten. Die Schandmäuler Plappern ununterbrochen über einen Jungen und sein Mädchen, die doch nur etwas Einzigartiges tun wollen: gemeinsam in einem Bett liegen und sich lieben".

Sextipp #4: Vino

Zwar ist Wein lecker und gehört für Viele zu einem (romantischen) Abend, allerdings vermindert Wein die Speichelproduktion. Dies kann sich negativ auf den Oralverkehr auswirken.

Sie „kommt", damit er bleibt

Viele Frauen täuschen ihren Orgasmus vor oder haben es zumindest schon einmal getan.

Dies geht aus einer Studie von der Columbia University New York sowie Todd Shackelford und Viviana Weekes-Shackelford hervor. Der Studienleiter erklärte, dass ein Hauptgrund für Fake-Orgasmen ist, das Interesse des Mannes an der Partnerschaft hoch zu halten. Die Frauen hoffen, dass der Mann ihnen nicht abtrünnig wird und zu einer anderen überläuft, wenn er ihr zu ihrer vollkommenen Befriedigung verhilft.

Allerdings werden Frauen, die den Orgasmus nur vorspielen, in der Studie als ihrem Partnern gegenüber eifersüchtiger und misstrauischer dargestellt, als Frauen, die laut eigenen Angaben noch keinen Orgasmus vorgetäuscht hatten. Die meisten Vortäuscherinnen wenden auch andere Taktiken an, um ihren Partner bei der Stange zu halten. Sie legen sich öfter mit sexy Dessous ins Zeug und sind gefallsüchtiger als die ehrlicheren Geschlechtsgenossinnen.

Viele Frauen gehen sogar noch einen Schritt weiter und machen ihren Liebsten absichtlich eifersüchtig, um ihn bei der Stange zu halten.

Woran merken nun Männer, ob die Frau vortäuscht oder nicht? Darüber gibt es sehr sehr viele Berichte und sogar Bücher.

Am Wenigsten lässt sich aber die Biologie austricksen: Nach dem Orgasmus ist die Klitoris überreizt. Wird diese unmittelbar nach dem Sex berührt, wird die Partnerin erst einmal wegzucken.

Wenn ihr das allerdings sehr gefällt und sie nicht weggezuckt ist, hat sie mit ziemlicher Sicherheit vorgetäuscht.

Auch Höhepunkte auf zurufen ("Komm! Dann komm ich auch!" / "Ich komme, wenn du kommst"), sind eher schauspielerisches Talent.

Ein weiteres Anzeichen für einen echten Orgasmus hingegen ist ihr Wegtreten kurz vor dem Höhepunkt. Ihre Augen sind geschlossen und sie hat sich vollkommen auf sich und ihr Innerstes konzentriert. Ihre Muskeln sind angespannt und sie wird sich - da sie sich ja auf sich selber konzentriert- weniger mit Küssen und Streicheln beschäftigt sein, wie noch zuvor.

Ein Indiz für einen vorgetäuschten Orgasmus ist, wenn sie danach noch kitzelig ist. Denn Muskeln sind schlaff, die Nerven haben auf Regeneration statt Reaktion geschaltet und Reize werden kaum noch verarbeitet. Erst, wenn die Muskeln nach ein paar Minuten wieder zu ihrem angespannten Grundtonus finden, ist man erneut empfindlich.

Sextipp #5: Die S-Lippen

Die Schamlippen sind rückgebildete Hoden und somit sehr empfindlich und empfindsam. Beim Liebesspiel sollten sie daher so behandelt werden, wie die Hoden des Mannes.

Sex is all around us

Die Welt verändert sich immer mehr. Auch die Gesellschaft. Menschen werden geprägt durch die äußeren Einflüsse, durch Medien, das Umfeld und die Umwelt.

Der Ausspruch "Sex sells" verbreitet sich immer mehr. Die Welt ist in dem Bereich auch immer offensiver geworden. Wo gestern noch Körperteile gepixelt oder mit einem schwarzen Balken versehen wurden, werden diese offenkundig preisgegeben und gezeigt.
Sex is all around us.

Auch die Modeindustrie trägt ihren Teil dazu bei. Frauen müssen hübsch und feminin zugleich aussehen und unterschwellig vermitteln, dass sie immer bereit für Sex aber zugleich total unschuldige Jungfrauen sind.
Männer müssen durchtrainiert und humorvoll sein und ebenfalls immer für Sex bereit, fit und erfahren sein.

Dies alles führt zu einer Veränderung der Gesellschaft und des Miteinanders. Ein hierdurch hervorgerufenes Ereignis sind "offene Beziehungen". Diese sind eine Mischung aus Monogamie und Kommunenleben. Man ist mit jemand zusammen, hat zusätzlich die Option mit anderen zu schlafen.

Ein weiteres "neues Phänomen" sind "Friendship with benefits" (oder auch Freundschaft plus). Männer und Frauen sind miteinander befreundet, unternehmen etwas zusammen (alles was Freunde eben tun), haben aber auch Sex miteinander. Zudem haben sie keine Verpflichtungen. Es werden also die körperlichen Bedürfnisse befriedigt.

Sind "friendship with benefits" also nun einfach eine Weiterentwicklung von "offenen Beziehungen"?

Beide "Beziehungsformen" haben gemein, dass man nicht alleine ist, seine sexuellen und anderen körperlichen Bedürfnisse befriedigen kann, jeder jedoch seine Freiheiten hat, sich auf sich selbst konzentrieren kann - ohne egoistisch zu wirken - und sich weder rechtfertigen noch treu sein muss.

Das verdeutlicht auch, weshalb dieses Miteinander so im Trend liegt.

Die Entscheidung hierzu hat zwei verschiedene Gründe. Entweder wurde man (von seiner "großen Liebe") enttäuscht, scheut deshalb Bindungen und möchte sich einfach nur darüber hinwegtrösten (und hat keine Lust, ständig auf die "Jagd" gehen zu müssen) oder man wartet noch auf die Richtige/den Richtigen und will sich alle Möglichkeiten offen lassen, zudem aber nicht alleine sein.

Ein aufkommender Trend ist zudem "Fuck your friends". "Friendship with benefits" steht eher die Befriedigung der körperlichen Bedürfnisse im Vordergrund, wobei bei "Fuck your friends" das Zwischenmenschliche an erster Stelle ist. Es geht hier primär um die Intensivierung und Vertiefung der Freundschaft. Man kennt sich durch und durch und weiß alles von dem Anderen.

Sind "offene Beziehungen" und "friendship with benefits" also nun die neue Art des Zusammenseins?
Sterben (monogame) Beziehungen aus?

Wird man in Zukunft mit immer mehr unterschiedlichen Menschen aus seinem Leben aus unterschiedlichen Gründen Geschlechtsverkehr - wie die Schimpansen - haben?

Die Filmindustrie macht noch immer und zukünftig sehr viel Geld mit dem Thema Liebe und vor allem Happy Endings. Dies verdeutlicht, wie groß die Sehnsucht vieler noch nach der Richtigen/dem Richtigen ist (denn wenn man nach daran glauben und die Hoffnung aufgeben würde, würde man sich derartige Filme nicht ansehen!).

Doch die Ansprüche an eine Partnerschaft und den Partner wachsen mit diesen Geschichten und der Gesellschaft immer mehr. Es gibt nicht den "perfekten Partner". Dieses gerät immer mehr in Vergessenheit.

Man wird sehen, was die Zukunft bringt.

Sextipp #6: Alkohol

Alkohol enthemmt, kann aber genauso gut Libido-Killer sein.

Denn in einem betrunkenen Zustand braucht es viel mehr Stimulation und Reizen, bis sich etwas tut. Meist bleibt der Orgasmus dann auch aus.

Zwar sind ein Glas Sekt oder Wein in Ordnung; aber eher nur zum Auflockern, denn sonst geht es vielleicht schief

Kopf aus und ab geht die Lucy

Ein paar kleine Tipps

1. Nichts planen sondern einfach geschehen lassen. Denn es gibt weder den perfekten Zeitpunkt noch die optimale Vorbereitung. Man kann noch so gut rasiert sein, Kerzen anzünden und Rosenblätter verstreuen, aber die entsprechende Stimmung lässt sich nicht erzwingen. Sex sollte nicht durchgestylt sein oder nach einem Terminkalender ablaufen, sondern geschehen, wenn es passiert.

2. Man sollte sich also nicht unter Druck setzen lassen oder selber unter Druck setzen. Denn Sex ist voller Lust. Selbst wenn alles schiefläuft: Es kann Jedem passieren. Sei es durch fehlendes Abschalten oder körperliche oder mentale Eingeschränktheit. Vor allem wenn man sich noch nicht kennt, stellt die Nervosität häufig dem Plan ein Bein und vieles läuft schief.
Also, jedes Malheure locker sehen und mit Spaß an die Sache rangehen. Dann sollte man den Sexpartner so behandeln, wie man selber gerne in der entsprechenden Situation behandelt werden möchte.

3. Alkohol in Maßen und nicht in Massen. Denn abgesehen von Potenzproblemen nach extremen Alkoholgelagen, ist zu viel Sekt zum locker werden generell keine allzu brillante Idee. Denn Sex sollte genossen und nicht nur indirekt wahrgenommen werden. (Und der mäßige Alkoholkonsum zahlt sich spätestens am nächsten Morgen aus, wenn man nicht erschrickt und sich "ekelt", wer da neben einem liegt).

4. Angemessener Sex. Man muss nicht in einer Nacht zeigen, welche Stellungen und Praktiken man drauf hat (auch wenn es ein ONS ist). Dies ist einfach nur Arbeit. Und die Stellungswechsel im Minutentakt sind für einen selber und für den Partner nach einigen Malen nur noch nervig. Lieber sich gehen lassen und nur das anwenden und ausprobieren, was passt und worauf man Lust hat! Manchmal tuts auch einfach nur die gute alte Missionarsstellung. Und ein gemeinsames Entdecken und Ausprobieren ist eh viel spannender (und man kann was lernen).

5. Absolutes No-Go, wenn es nicht um das Druckablassen geht sondern um ein intensives Sexerlebnis: Nach der eigenen Lustbefriedigung (z.B. Oralverkehr, wenn der andere es (noch) gar nicht will) und zur Seite rollen und einschlafen.

6. Das Gegenteil ist allerdings ebenfalls so genauso schlimm: Sexpartner, die sich selber aufgeben und angestrengt und scheinbar nach Lehrplan versuchen, alles richtig zu machen um den anderen zu befriedigen, ihn dabei jedoch zu beobachten und analysieren. Sex ist kein Laborexperiment! Klar sollte man auf die Körpersprache des anderen achten und darauf eingehen, dabei aber nicht seine eigenen Bedürfnisse und seinen eigenen Körper außer Acht lassen. Sex ist Geben und Nehmen, und nur Geben ist nicht unbedingt ein Zeichen von Größe, sondern eher der Beweis dafür, sich nicht entspannen zu können. Dann läuft was falsch.

7. Manchen kann man in den Augen ablesen, dass sie sich beim Sex nicht fallen lassen wollen, weil sie Angst haben, die Kontrolle zu verlieren und die durchdachte Performance zu riskieren. Am besten einfach nur die Zeit und den Augenblick genießen!

8. Sex ist Spielerei, Spaß, Experiment. Man muss keinen Auftrag oder eine Mission erfüllen und dabei ernst und seriös sein. Denn eine gewisse Selbstironie ist sexy.

Sextipp #7: Spiel mit dem Essen

Anregende Lebensmittel sind teilweise unverzichtbar beim Vorspiel.
Einerseits können sie mit ins Vorspiel integriert werden, andererseits können sie auch aphrodisierend wirken.

Wie bereits erwähnt, ist ein Glas Sekt nicht schlecht. Zusätzlich noch Früchte wie Erdbeeren, Himbeeren, Feigen, Bananen und Co (gerne mit Schokolade oder Honig) etc. tun ihr Übriges.

Zudem können auch Gewürze, Minzblätter (siehe die Wirkung bei Katzen) oder Knoblauch den Akt zusätzlich würzen. Scharfe Speisen sind allgemein bekannt für ihre Wirkung. Und wie wäre es mit Minzeblättern (siehe die Wirkung bei Katzen) oder Knoblauch.

Aber Achtung! Alles sollte nur in Maßen verzehrt werden, denn ein zu voller Magen macht auch träge und lustlos.

Ein großes Kompliment: Sex

Am Anfang einer Beziehung ist alles ganz leicht. Die Gefühle durchströmen den Körper und den Geist und man lässt seinen Emotionen freien Lauf, macht Komplimente, lobt seine Partnerin und gibt ihm das Gefühl, dass sie etwas Besonderes ist. Und alles ohne große Mühe.

Allerdings lassen mit der Zeit die überwältigenden Gefühle (die Verliebtheit) nach. Klar besteht die Liebe meist weiterhin, doch die Kreativität verfällt dem Alltag. Komplimente und Lob werden immer weniger. Man hat doch schon alles gelobt oder kommt sich vor wie ein Papagei, wenn man die bereits gemachten Komplimente wiederholt.

Doch Lob ist nicht nur ausgesprochene positive Worte. Man sollte dem Partner etwas zuliebe tut um ihm eine Freude zu machen. Das A und O von Beziehungen ist, den Partner zu nehmen, wie er ist und zu akzeptieren, dass er anders ist als man selber und anders, als man ihn gerne hätte.
Wenn man dies nicht sieht oder versteht, werden oft gegenseitige Vorwürfe gemacht. Der Eine wirft dem Anderen vor, dass er schneller isst oder länger schläft. Stattdessen sollte man aus diesen Unterschieden Vorteile machen. Dies geht, wenn man es akzeptiert oder als interessant ansieht; also seinen Partner mit seinen Macken respektiert. Denn Respekt ist mit das Wichtigste in einer Beziehung.

Doch auch wenn die Partner sich gegenseitig respektieren, sollte man ihn loben.

Und wenn nicht mit Worten, dann auch mal mit dem Körper. Und was ist da besser als Sex? Denn Sex ist an sich schon ein

Lob, ein Zeichen, dass man jemanden begehrt. Aber es gibt da Geschlechtsnuancen. Den Frauen geht es meist um die Frage: Werde ich gesehen, bin ich gemeint? Den Männern geht es um die Frage: Bin ich gut? Für sie zählt mehr die Performance. Dies zeigt sich auch in der Tierwelt. Wenn Pfauen und Frauen mit ihren imposanten Schwanzfedern buhlen, werben Menschen um das Weibchen, indem sie Sprüche klopfen, sich aufplustern und der Frau imponieren wollen. Sie erwarten hierdurch - neben dem Sex natürlich - Anerkennung und nach dem Sex auch positives Feedback (z. B., dass er ein toller Liebhaber ist), dabei sollte das Feedback allerdings nicht zu genau werden wie: wo anfassen, wie fest, wie schnell, wie feucht. Zwar ist es teilweise auch eine Hilfe, allerdings ist zu viel Feedback für einige Männer kränkend, verursacht Unsicherheit und wirkt einschränkend. Frauen und Männer sollten ihre Vorstellungen und Wünsche eher als eine Art Einladung anstatt eine Forderung formulieren. Denn, verführen ist besser als Einklagen.

Zu unterscheiden ist allerdings auch die Art des Verführung. Frauen haben es lieber, wenn die Forderungen ausgeschmückt formuliert werden, da die Erotik bei ihnen vor allem auch durchs Ohr geht. Zu den Flüstereien gehört zudem nicht nur Dirty Talk, sondern auch geflüsterte Zärtlichkeit über das Besondere, über ihre Körperlichkeit und ihre Bewegungen, Bemerkungen darüber, was speziell an ihr scharf und interessant ist, wirken für Frauen wie ein Aphrodisiakum. Dies ist ein großes Lob für Frauen.

Und nicht zu vergessen. Nicht alles zu ernst nehmen! Denn alles läuft besser mit einer Prise Spaß und Ironie. Selbstironie macht attraktiv, denn sie ist mit Humor verwandt. Eigenlob mit einem Augenzwinkern wird charmant gewertet.

Sextipp #8:

Viele Frauen stellen sich die Frage, ob sie zu dick oder gar zu dünn sind. Vor allem beim Sex, wenn man den nackten Tatsachen ausgesetzt ist, kommt die Frage in die Köpfe geschossen. Also zum "richtigen Zeitpunkt".

Dabei ist es Männern relativ egal, ob sie dick oder dünn ist. Schließlich hat er die Dame ausgesucht und steht auf die Rundungen an ihrem Körper.

Und wenn nicht?

Er ist auch nicht perfekt und zweifelt spätestens wenn der erste graue Haaransatz erscheint oder der Bauch sich nicht mehr vollkommen einziehen lässt.

Intimität

Menschen brauchen lange, um sexuelle Reife zu erlangen. Sexuelle Reife bedeutet, dass man sein Verlangen nach einer Person hat und den Wunsch hegt, mit diesem etwas zu teilen, im Gegensatz zur Befriedigung der eigenen Geilheit. Dies ist auch der maßgebliche Unterschied zwischen der Sexualität eines Jugendlichen und der Sexualität eines Mannes bzw. einer Frau.

Dieser Reifeprozess hat auch viel mit Intimität zu tun. Allerdings sind die allgemeinen Vorstellungen von Intimität und Sexualität sehr lückenhaft, weshalb viele Paare eine falsche Erwartung von ihrer eigenen Beziehung haben. Die Partner glauben, dass sie nach Intimität streben. Dem ist nicht so! Denn in Wirklichkeit streben sie nach der Bestätigung ihres Partners, etwas Liebenswerts und Wertvolles zu sein. Diese Wunschvorstellung definieren wir mit Intimität, anstatt echte Intimität zu geben und spüren. Denn wahre Intimität ist nicht nur immer wunderbar, sie kann auch verunsichern, weshalb wir vor ihr zumeist zurückschrecken und sie verbergen.

In Massenmedien ist Intimität in populärpsychologischen Erklärungen und alternativen Lebensentwürfen ein derart beherrschendes Thema, was auf einen Hunger nach inniger Gemeinsamkeit hindeutet.

Von diesem Bild sollte man sich loslösen.

Vor dem Zeigen der Gefühle sollte nicht zurückgeschreckt werden, denn dies zeigt auch Intimität und intensiviert den Sex. Des Weiteren sollte man sich nicht nur auf den Partner sondern auch auf sich selber konzentrieren.

In funktionierende Beziehungen wird daher der Sex und die Beziehung an sich eher als eine Art Verschmelzung gesehen. Jeder geht seinen eigenen Weg, achtet aber auch auf den Anderen und dass man en Gro einen gemeinsame Weg geht. Dabei sollte man nach den Regeln leben und lieben, die uns das Leben vorgibt, sich dabei jedoch nicht selber verraten. Zudem werden die Ziele des Partners auf eine Stufe mit den eigenen gestellt und die Prioritäten entsprechend verschoben.

Dies knüpft ein besonderes Band zwischen beiden Partnern und bringt noch mehr Intimität hervor, was beim Sex nur förderlich sein kann.

Sextipp #9

Streicheln, Küssen, Lecken, Beißen... gehören zum Vorspiel. Aber beim Küssen doch bitte darauf achten, dass die Partnerin nicht befürchtet, aufgegessen zu werden. Ebenso beim Lecken (am ganzen Körper). Es gibt doch tatsächlich Männer, die sich in dem Punkt wie Hunde verhalten... Und Beißen kann auch sehr erotisch und anregend sein. Nur bis zu einem gewissen Punkt, denn wenn man Angst um sein Ohr oder seine Hauptschlagader haben muss, hört das Erregende dann doch auf.

Odeur corporelle

Körpergeruch ist so eine Sache..

Einerseits kann er sehr anziehend sein; vor allem, wenn der Partner nach Pheromonen riecht. Zumeist nimmt man jedoch nur unbewusst den Körperduft des anderen wahr. Jedenfalls dann, wenn dieser nicht unangenehm auffällt...

Klar definieren der Schweiß, die Genitalien und die Haut den eigenen Körperduft, da er auch eine Zusammensetzung aus genetischen Signalen des eigenen Immunsystems und der DNA ist. Jeder sucht sich - zumindest auf den zweiten "Blick" - seinen Partner nach dem Geruch aus, allerdings riecht man auch nicht immer gleich..

Wichtig ist eine gesunde Körperhygiene. Sie sollte nicht übertrieben, allerdings auch nicht untertrieben sein.

Zudem ist viel Wasser trinken und eine gesunde und ausgewogene Ernährung von Vorteil. Viele Vegetarier riechen etwas säuerlich. Ebenso wie Menschen auf Diät. Auch Bier, Rotwein und Schnaps sowie dunkles Fleisch begünstigen einen nicht sehr angenehm riechenden Körper.. Wiederum beeinflusst eine ausgereichende sportliche Aktivität (wie zum Beispiel 2x pro Woche 45 Minuten joggen) sowie genügend Schlaf einen angenehmen Körperduft.

Vermieden werden sollten Vitamin-Kombi-Präparate sowie gewisse Medikamente z. B. gegen Nagelpilz.

Und: viele Frauen verweigern ihrem Partner einen Cunillingus bei ihnen aus Angst, unangenehm "dort unten" zu riechen oder zu schmecken. Nach "Fisch" riecht das weibliche Geschlechtsteil allerdings nur, wenn SIE zum Beispiel einen neuen Mann hat und die ersten Male mit Sex ohne Kondom hat. Die vaginale Flora muss sich nämlich erst an das alkalische Sperma des Mannes gewönnen. Daher reagiert sie zu Beginn sauer auf die Alkaloide.

Der zweite Grund wäre eine Infektion. Damit sollte man auf jeden Fall zum Arzt gehen. Denn durch Bäder u. Ä. wird der Geruch und auch die Infektion nur noch schlimmer.

Sextipp #10

Was jetzt kommt ist - hoffentlich - Basiswissen.

Das Vorspiel. Dazu zählen nicht nur Berührungen und Küssen, sondern auch Ertasten des ganzen Körpers.

Die Hände sind neben den Lippen mit das Wichtigste beim An- und Erregen.

Wie bereits erwähnt, ist das Massieren der Scharmlippen sehr anregend. Dabei ist es "leicht", wenn der Finger mal etwas mehr in die Mitte und dann auch immer tiefer in die feuchten und warmen Gegenden der Frau rutscht.

Man sollte zuerst ein bis zwei Finger nehmen und etwas rumspielen. D.h. sie kreisen lassen, krümmen, strecken, innen mit den Fingerkuppen streicheln. Je nachdem kann man natürlich auch mehr Finger nehmen. Einfach schauen, was ihr gefällt.

Es muss natürlich nicht immer gleich der Intimbereich sein. Die Finger im Mund der Partnerin kreisen lassen (à la Oralverkehr), ist ebenfalls sehr erregend.

Wie die Nase...

Jeder Penis hat eine unterschiedliche Form, Farbe, Größe und natürlich auch Geruch und Geschmack. Er kann beschnitten sein, groß, dick, dünn, Fleisch- oder Blutpenis.

Zwar ist es von enormen Vorteil wenn er nicht gerade klein und dünn (oder zu lang!) ist - am Beliebtesten ist eine Länge von 15 cm -, allerdings sollte der Mann auch wissen, was er damit macht und wie er mit seinem "Zauberstab" umgeht. Viele stochern einfach drauf los und hoffen, dass es schon wirken wird.

..Nein!!!.. Das ist nicht so. Und wenn, dann in den ganz ganz ganz gaaaanz seltensten Fällen von Erfolg gekrönt (oder weil sie einfach keinen Bock mehr hat und so tut als ob)...

Wie bereits erwähnt, sollte Mann dabei auf die Reaktionen der Frau achten und einen gemeinsamen Rhythmus haben. Denn die meisten Nervenenden und somit auch Empfindungen hat eine Frau eh an den ersten 2 cm der Vagina.

Der Durchschnittspenis misst eine Größe von 12,7 cm im erigierten Zustand und einen Durchmesser von etwa 3,2 cm. Ein Mann produziert übrigens 28 - 47 LITER Sperma in seinem Leben.

Im schlaffen Zustand ist der Penis meist viel kleiner, was Männer zunächst verunsichern kann, sich so der Frau zu präsentieren. Schließlich wollen sie etwas vorweisen können. Sie sollten sich allerdings immer sagen, dass sich die tatsächliche Größe erst zeigt, wenn er voll erigiert ist. Und beim Wachsen zusehen und nachhelfen bringt beiden Spaß. Und das Geheimnis einer Erektion ist nicht die Anspannung, sondern die Entspannung.

Das heißt, je entspannter und relaxter der Mann und sein Körper sind, desto eher bekommt er eine "gute" Erektion.

Und, entgegen aller Sprüche und Theorien: Man erkennt die Form, Farbe und Größe des Penis weder an der Nase, noch an dem Ringfinger, der Schuhgröße oder der Oberlippe.

Also, muss Frau sich in dem Fall einfach überraschen lassen.

Männer wissen ja auch vorher nicht, wie die Frau nackt aussieht.

Sextipp #11

Die Stimmung knistert.

Es werden gegenseitig Küsse ausgetauscht. Auf den Hals, Mund etc.

Die Hände wandern am gesamten Körper entlang; die Klamotten sind eh fast ausgezogen.

Ist man nun allein in der Wohnung, fragt man sich: wohin jetzt? Einfach dort, wo man Lust hat.

Die Meisten zieht es bei einer solchen Situation doch ins Bett. Aber Achtung, so schön, wie man gewisse Bettwäsche auch finden sollte: die geliebte Bettwäsche aus Teenie-Zeiten sollte irgendwann doch tief hinten im Schrank verschwinden. Ebenso sollte die Satinbettwäsche gar nicht erst gekauft werden. Auch wenn Bettwäsche eher nebensächlich ist, beeinflussen rosa Blumen die Stimmung sehr.

Und währenddessen.. bitte nicht pingelig sein! Sex ist nun mal feucht und da landen einige Körperflüssigkeiten auf dem Laken und in der Wäsche. Aber hey, die kann man doch waschen!

Gib mir deinen Saft… und leg Hand an, Babe!

Das männliche Ejakulat besteht zu fünf Prozent aus Spermien, 10 – 30 Prozent aus Trägerflüssigkeit und der Rest ist eine Plasmamasse (Gemisch aus Bläschendrüsen, also Fruchtzucker, Gewebshormonen und Bindeflüssigkeit). Bei Männern, die länger keinen Samenerguss hatten, ist die Flüssigkeit leicht gelblich Färbung (Flavin mit u. a. auch Vitamin B).

Der Saft des Mannes beschleunigt beim Orgasmus auf bis zu 50 km/h. Wie weit das Sperma dabei spritzt ist abhängig von der Beschaffenheit der Harnröhre (dünn, groß etc) und nicht von der Qualität des Orgasmus. Die Qualität des Orgasmus ist eher abhängig von der Prostata des Mannes. Ist seine Prostata trainiert und dabei geschmeidig und flexibel, fühlen sich die Orgasmen (die bis zu 12 Sekunden dauern können und das Angst- und Schmerzempfindung ausschalten) für einen Mann intensiver an.

Und, ja! Auch Männer können ihren Orgasmus durch gezieltes Beckenbodentraining intensivieren. Zum Beispiel durch bewusstes mehrmaliges Zusammenziehen des bestimmten Muskels mehrmals hintereinander, kann das Gefühl und die Sensibilität hierfür gesteigert werden. Zudem hilft Onanie!

Ein weiterer guter Nebeneffekt: eine trainierte Prostata ist weniger anfällig für Krebs.

PS. Viele Männer werden nach ihrem eigenen Orgasmus müde, da in ihrem Körper das Hormon Prolaktin gebildet wird, welches eine Muskelerschlaffung auslöst, und weil sie einen Großteil ihrer Energie in ihren Orgasmusreflex (das Herausspritzen) gesteckt haben.

Sextipp #12: tighten yourself

Beim Sex sind neben Ausdauer und Beweglichkeit bei einer Frau auch die entsprechenden Muskeln wichtig. U. a. die Beckenbodenmuskulatur. Der amerikanische Urologe Dr. Arnold Kegel entwickelte in den 1950er Jahren Übungen, um Frauen nach der Geburt zu helfen, ihre gedehnten und geschwächten Beckenboden sowie die schwache Blase wieder aufzubauen und zu stärken. Die Frauen trainierten und bemerkten einen positiven Nebeneffekt: Die neue Form der Rückbildungsgymnastik führte dazu, dass sie den Penis ihrer Partners beim Sex intensiver in sich spürten. Nicht nur die trainierenden Frauen, auch die Männer waren von den Übungen angetan. Auf Grund der trainierten und somit stärkeren Beckenbodenmuskulatur wird ein Orgasmus intensiver erlebt, denn die erhöhte Muskelanhäufung führt zu einer besseren Durchblutung und Kontrolle der unwillkürlichen Muskulatur. Das bedeutet wiederum ein berührungsempfindlicheres Gewebe, sensiblere Nervenenden, die gestärkte Fähigkeit, den Harndrang unterdrücken zu können oder während des Geschlechtsverkehrs den Penis des Partners besonders eng umschließen zu können.

Doch was hat die Beckenmuskulatur (noch) mit dem intensiveren Orgasmuserlebnis der Frau zu tun?

Die meisten Nerven, die für die sexuelle Lust zuständig sind, im Beckenboden.

Die Übung: Einfach die Beckenbodenmuskeln mehrmals täglich 10 - 20 mal anspannen, kurz innehalten und wieder entspannen. (einfach so tun, als müsse man dringend auf Toilette). Diese Übung lässt sich morgens und/oder abends beim Zähneputzen ebenso gut durchführen wie auch beim Warten in der Supermarktschlange.

Sobald die Ablaufmuster trainiert sind, können sie auch gezielt beim Sex eingesetzt werden.

69 oder doch 96..

Oralverkehr ist fantastisch und macht glücklich, wenn er gut ist und funktioniert. Zudem ist er intimer als Sex. Denn näher als mit Zunge, Nase und Auge kann man dem Lustzentrum seines Partners nicht sein.

Zudem kann ein Mann beim Cunnilingus "testen", wie die Partnerin zu ihrem Körper steht. Lässt sie sich vollkommen auf das Lecken ein und gibt sie sich ihm hin, so ist sie auch mit ihrem Körper zufrieden und im Reinen und gibt sich ihren Gelüsten hin.

Doch oft sieht Oralsex in Filmen besser aus, als er in der Realität ist. Denn spätestens, wenn der eine derart stimuliert ist, dass er sich nicht mehr konzentrieren kann, lässt er/sie mit seinen Mundspielchen nach oder hört sogar ganz auf. Daher sollten sich beide auf die Seite legen, so ist es entspannter und für den oben "liegenden" nicht mehr ganz so anstrengend. Außerdem kann man, wenn man zu erregt ist und seinen Mund nicht mehr richtig unter Kontrolle hat, mit den Fingern etc. weiterhin den Partner stimulieren.

Tipp: Schon einmal beim Fellatio mit Brausepulver gespielt?

Sextipp #13

Viele Partner unterstützen ihre Sexleben mittels Spielchen. Dazu müssen nicht immer gleich Peitschen, Fesseln oder Sextoys herangeholt werden.

Anfangs reichen auch kleinere Accessoires. Zum Beispiel Dessous, Essen und Musik. Zudem können auch erotische Hörbücher, Massagekerzen (spezielle Niedrigbrandkerzen, deren Wachs auch als Massageöl genutzt werden kann) oder ein erotischer (!) Strip das Vorspiel unterstützen. Oder wie wäre es mit Telefonsex (ohne Höhepunkt) vor dem Treffen?

Einige Partner nutzen auch Kameras oder Fotoapparate um sich vorher oder währenddessen aufzunehmen. Dies sollte allerdings nur mit Partnern gemacht werden, denen man vertraut. Zudem sollten sich beide einig sein, was mit den Ergebnissen passiert (Aufbewahrung oder nach einer Trennung).

„Wir hatten keinen Sex, sondern nur Oralverkehr…"

So ähnlich war einmal die Aussage eines sehr bekannten Politikers.. Das ist natürlich Quatsch! Oralverkehr ist ebenso Sex, wenn sogar vielleicht intimer, als "richtiger" Sex. Ebenso Unsinnig ist es eigentlich, dass beim Blasen geblasen wird.. Daher passt eher der Ausdruck Fellatio (kommt übrigens von fellare: saugen).

Viele Frauen ekeln sich vor dem Geschmack, der Größe, den unerwarteten Bewegungen des Penis oder vor dem Sperma. Schließlich stellen sich viele Frauen vor, dass nach einem Samenerguss des Mannes in ihrem Mund, tausende kleiner Spermien in ihrer Mundhöhle rumschwirren.

Zunächst einmal sollte man das Geschlechtsteil seines Partners mögen und dies nicht als reinen Liebesdienst oder -gefallen ansehen. Oder nach dem Motto "wenn ich es dir mit dem Mund besorge, musst du das Gleiche für mich auch tun". Falsch. Entweder man/frau hat Lust darauf oder nicht. Sobald sich vor dem Geschlechtsteil des Partners geekelt wird, wird es schon einmal gar nichts mit dem Oralverkehr. Denn diesen intimen Akt sollten doch zumindest beide genießen (können). Und verkrampfter Sex ist nun mal nicht schön und sinnlich.

Doch wie macht man nun was?

Fellatio

Beim Fellatio sollte frau sich zunächst natürlich nicht gleich voller Fleischeslust auf den Penis des Mannes stürzen. Das wirkt eher abschreckend.

Der Penis sollte sanft mit Händen und dem Mund stimuliert werden. Dabei kann man ihn streicheln, küssen, lecken, daran saugen, lutschen. Alles, was frau auch mit einem Lolli macht. Der Mund sollte zu einem O geformt sein und an der Eichel und dem Schaft auf und ab fahren. Zudem kann frau (oder auch der Mann) diese Bewegungen mit den Händen unterstützen. Die Hand sollte währenddessen weder zu stark noch zu schwach um den Penis liegen (außer dies wird gewünscht).

Die Zungenspitze massiert und streichelt die Eichel. Dort sind die meisten Nervenenden, daher fühlt es sich für den Mann am Intensivsten an. Aus diesem Grund ist auch Vorsicht geboten. Denn wird es zu heftig, kann es schnell abturnen. Bei dem Auf und Ab sollten die Zähne hinter den Lippen versteckt sein. Nur beim sanften Knabbern am Schaft sollten die Beißer zum Vorschein kommen.
Auch die Hoden können bei den Zungenspielen miteinbezogen werden.

Der Man sollte bei einem Fellatio allerdings vermeiden, den Kopf der Frau auf seinen Penis zu drücken. Dies beängstigt eher. Vielmehr können sie mit ihrer Hand den Kopf der Partnerin sanft führen und somit zum Beispiel die Geschwindigkeit der Auf- und Abbewegung beeinflussen.

Wenn der Mann kurz vor dem Kommen ist, sollte die Frau nicht mit Bewegungen aufhören. Will sie nicht, dass der Mann in ihren Mund kommt, sollte sie das Programm mit ihren Händen fortsetzen, ohne das die Berührungen unterbrochen werden. Schließlich ist für sie ja ebenfalls nicht schön, wenn er direkt vor ihrem Orgasmus mit seinen Bewegungen aufhört.

Als "Sexutensilien" kann frau beim Oralverkehr Brausepulver, Pfefferminzbonbons oder sogar einen Schluck warmen Tee im Mund behalten. Aber auch kohlensäurehaltiges Wasser oder Sekt können sehr prickelnd sein.

Zusätzliche Stimulation ist es, wenn der Mann vor einem Spiegel steht, während seine Partnerin vor ihm kniet und einen bläst. So hat er gleich mehrere erotische Aussichtsmöglichkeiten.

Als weitere "Gefahrenquelle" neben den Zähnen gilt das ruckartige Zurückziehen der Vorhaut. Also, bitte Ladies, vorsichtig. Ihr wollt ja auch keinen ruppigen Culliningus.

Auch haben einige Männer schlechte Erfahrungen wenn eine Frau ihnen einen bläst, schließlich könnte sie ja plötzlich vor Schreck zubeißen. Oralverkehr ist also auch ein Vertrauensbeweis. Egal, ob beim Mann oder bei der Frau!

Sextipp #14: Can you feel it, babe

Als Vorspiel ist ein gegenseitiges Erfühlen und Ertasten der erogenen Zonen des Anderen.

Dabei liegt der Partner nackt auf dem Bett, hat seine Augen geschlossen, während die Fingern, eine Feder oder auch der Atem den nackten Körper nach erogenen Zonen absucht.

Piekser und Wühler

Culliningus

Einige Männer ekeln sich vor einem Culliningus wegen des Schleims, des Geruchs oder weil sie denken, dass der Kitzler der Frau anfängt zu spritzen. Viele Frauen ekeln sich ebenfalls davor. Sie machen sich Gedanken über ihren Geruch und Geschmack und finden ihren Schleim im Mund des Partners abstoßend und vieles mehr. Sie können sich dann auf Grund des ganzen Gedankenwirrwarrs nicht entspannen und den Akt auch nicht genießen. (Zu dem Thema Geruch und Geschmack hatte ich bereits Einiges geschrieben und gehe daher nun nicht mehr näher darauf ein).

Meistens schmeckt ein gesundes Geschlechtsteil einer Frau nach einem süßsauren Gericht oder Buttermilchzitroneneis. Frischsäuerlich. Natürlich variiert es immer mit dem Lebensstil der Partnerin. Auch ihr Zyklustag ist ausschlaggebend.

Um es für die Frau leichter und angenehmer zu machen (und ebenso entspannter für den Mann), kann sie ihre Hüfte auf ein Kissen legen. Dadurch liegt sie etwas erhöht und auch in der richtigen Position. Es ist somit ebenfalls angenehmer für den Mann, da er nicht auf dem Bettlaken o. Ä. mit seinem Kinn kleben muss, sondern etwas mehr Bewegungsfreiheit hat.

Sich auf sein Gesicht setzen ist dagegen keine sehr gute Idee, auch wenn es einige Filme zeigen. Schließlich ist es anstrengend für die Frau so lange zu knien, macht bei schwacher Beinmuskulatur nach einigen Minuten schlapp und setzt sich richtig auf das Gesicht ihres Partners. Und ob ihm das so wirklich gut gefällt ist eine andere Sache..

Dagegen ist das "im Stehen" zu empfehlen. Sie steht oder setzt sich mit gespreizten Beinen auf einen Stuhl. Die Stellungen sind, wie beim Fellatio, je nach Lust kombinierbar.

Ein Culliningus ist wie Eis zu lecken (allerdings nicht reinbeißen bitte!!).
Am häufigsten wird beim Lecken der Kitzler mit Lippe, Zunge und Zähnen stimuliert und somit Frauen auch zum Orgasmus gebracht. Zusätzlich wird der Partner durch den Duft der Vagina ebenfalls stark erregt.

Zunächst sollte man eher etwas vorsichtiger starten, indem er zum Beispiel erst mit seinen angefeuchteten Fingern an den Geschlechtsteilen der Partnerin rumspielt. Anschließend kann er mit seiner Zunge die Bewegungen seiner Finger sanft unterstützen und verstärken.

Mann sollte anfangs gegebenenfalls vom Bauchnabel abwärts mit Küssen beginnen, die dann über den Venushügel in Richtung Schamlippen wandern. Die Beine werden sanft gespreizt, damit die Zunge die Schamlippen streicheln können. Die Lippen können ebenfalls den Venushügel, die Schamlippen und den Kitzler etc. liebkosen und streicheln. Die Zunge kann mit kreisenden und leckenden Bewegungen um den Kitzler streifen. Die inneren Schamlippen können geleckt und dabei gleichzeitig der Kitzler sanft massiert werden. Es sollte eine Kombination aus an den Schamlippen und dem Kitzler streicheln, reiben, lecken und an ihnen saugen sein. Ein sanftes Pusten oder blasen - allerdings nicht direkt in die Vagina hinein - ist ebenfalls sehr prickelnd.

Eine weitere Möglichkeit ist es auch, die Zunge in die Frau einzuführen (umgangssprachlich Zungenfick).

Das Tempo sollte anfangs eher sanft und langsam sein. Die Bewegungen sollten richtig ausgeführt werden. Kein Wühlen, kein Pieksen! Eher ein Streicheln.

Je erregter die Partnerin ist, desto schneller und auch intensiver oder kräftiger können die Bewegungen mit Zunge (und Finger) anschließend ausgeführt werden (wie ein Schmetterling; dabei kann er auch seinen Kopf etwas hin und her bewegen). Ein harter Kitzler ist ein Zeichen für eine starke Erektion. Nun kann der Mann auch intensiver lecken und mehr Druck mit seiner Zunge ausüben, indem er zum Beispiel den Kitzler mit seiner Zunge stößt - nicht nur mit der Spitze -.

Man sollte nun mit seiner Zunge auch eine Art Perle dort erfühlen können. Mit dieser kann er spielen - auch wenn er sie nicht sieht. Und sollte diese "Perle" noch nicht sichtbar sein, sollte der Partner trotzdem diesen Bereich und vor allem die umliegende Haut stimulieren.

Das Stoßen mit der Zunge oder auch mit dem Finger kann mit der Erregung der Partnerin intensiviert werden. Schnelle, intensive "Schläge" auf den Kitzler oder die Öffnung der Vagina (bitte nicht auf das gesamte Geschlechtsteil mit der flachen Hand oder mehreren Fingern! - wie bereits vormals erwähnt).

Wenn er nun spürt, dass seine Partnerin kurz vor ihrem Orgasmus ist, sollte er seinen Mund zu einem O formen und ihre Klitoris in den Mund nehmen um daran zu saugen. Wenn es der Partnerin gefällt, sollte er es fortsetzen und ggf. intensivieren.

Der Mann sollte dabei immer auf den Rhythmus und die Bewegungen des Frauenkörpers achten, wenn sie es wirklich genießt, wird sie ihr Becken nach vorne, in Richtung des Partners, schieben. So kommt er besser an alle wichtigen Punkte beim Lecken. Auf eine ausreichende Feuchtigkeit der Vagina muss geachtet werden, da sich sonst die Dame eher vor Schmerzen anstatt vor Lust krümmt. Ebenfalls kann mit der anderen Hand der Busen oder ähnliches stimuliert werden.

Die Männer können sich beim Lecken auch von ihrer Partnerin unterstützen lassen, indem SIE zum Beispiel mit Hand anlegt.

Mit den Sexutensilien sollte man beim Culliningus verzichten. Denn Schokolade, Honig, Sekt oder Sahne zerstören den ph-Schutz der Vagina und führen eher zu einem unangenehmen Geruch oder Juckreiz.

Die Männer sollten dabei auf ihren Bart achten. Denn wenn der pieckst, kann es ebenfalls schnell unangenehm und schmerzhaft werden.

Das sind natürlich alles nur Tipps.

Man sollte noch immer auf den Körper und die Reaktionen des Partners achten, denn das sind meist die besten Anzeichen, ob es ihm/ihr gefällt.

Sextipp #15. Die dunkle Seite

Wie wäre es mal mit einem schwarzen Kondom?

Sieht böse und zugleich geheimnisvoll aus. Und dadurch, dass es anders aussieht, macht es auch neugierig…

Überbleibsel

Im Laufe der Jahre und der Evolution hat sich der Penis des Mannes stark verändert.

Zum Glück.

Denn damals hatte er, wie die meisten Tierpenisse Stacheln. Diese Stacheln, die noch immer bei Mäusen, Bären oder einigen Affen vorhanden sind, dienten dazu, die Spermien der vorherigen Sexualpartner zu entfernen.
Da allerdings die Menschen im Laufe der Zeit monogamer lebten, bildeten sich die Stacheln zurück.

Ein weiteres Überbleibsel von damals ist die Vorhaut. Denn sie schützte die Geschlechtsteile von denen in der Wildnis lebenden Menschen und Tiere. Sie ist also, so gesehen, nicht mehr nötig. Einige Männer lassen sich dieses Stück Haut nun auch entfernen. Einerseits, da sie zu eng ist, was Schmerzen verursacht, oder um ihr Sexualleben zu verbessern.

Die Vorhaut schützt die Eichel und hält sie weich und feucht. Ohne die Vorhaut würde die Eichel austrocknen oder durch die ständige Reibung an der Kleidung zu einer geringeren Empfindlichkeit führen.

Viele Männer entscheiden sich nicht aus gesundheitlichen Gründen (Vorhautverengung) für eine Beschneidung. Durch die daraus resultierende geringere Reizbarkeit der Eichel und damit eine Abstumpfung vor Reibung und anderen Impulsen, können Männer zum Beispiel, wenn sie zu einem vorzeitigen Samenerguss neigen, diesen hinauszögern. Dies ist allerdings erst nach einiger Zeit der Fall. Wenige Wochen nach der kompletten

Heilung ist der Penis sogar noch empfindlicher, da die Eichel nun komplett freiliegt. Der Sex wird als intensiver empfunden.

Pflegt der Mann seine Eichel, geht er auch der Abstumpfung dieser Empfindsamkeit entgegen und wird diesen Pluspunkt weiterhin genießen können.

Ein weiterer Grund, sich von der Vorhaut zu trennen, ist die Hygiene. Denn unter dieser Reservefalte können sich Ablagerungen durch Talg, Urin und abgestoßenen Hautzellen sammeln und einen unangenehmen Geruch bilden. Dies bietet dann für Bakterien und Pilze ein hervorragendes Milieu. (Allerdings sollte Mann es auch nicht mit der Hygiene übertreiben.) Auch das Risiko der Übertragung von Geschlechtskrankheiten bei ungeschütztem Geschlechtsverkehr steigt ohne Beschneidung.

Zwar können Männer von Geburt an bereits unter einer Vorhautverengung leiden, was früh bei ihnen behoben wird, allerdings kommt es bei vielen im Laufe der Jahre erst zu einer Verengung dieses Gewebestückes. Dies liegt daran, dass sich zum Beispiel beim Sex diese Haut überdehnt werden kann, was zu Rissen auf der Innenseite führt. Ebenfalls durch das gewaltsame Zurückziehen, können Risse entstehen. Diese Risse vernarben nach einiger Zeit und verhärten somit das Gewebe. Die Haut kann sich nun nicht mehr zusammenziehen und wird somit enger. Es kommt zu einer Vorhautverengung.

Auch Diabetiker sollten über eine Beschneidung nachdenken, da sie hierdurch anfälliger für Entzündungen der Vorhaut sind.

Die Beschneidung lässt sich nicht rückgängig machen.

Sextipp #16: Vorspann(spiel)

Normalerweise ist im Kino die Werbung nicht das Aufregendste.

Meist sitzt man stumm nebeneinander, mampft das Popcorn bis zu 2/3 auf und hat das Getränk geleert. Ein Vorschlag für etwas mehr Aktion vor dem Hauptfilm. Einfach den Partner durch die Kleidung an den Genitalien reiben. (Am besten die Jacke über den Schoß legen, sonst bekommt man den Film evtl. nicht mehr mit, weil man rausgeschmissen wird).

Der Partner wird sehr erregt und das Wort Vorspann bekommt durch die Spannung in seinem / ihrem Körper eine ganz neue Bedeutung. Zum Film kann das Vorspiel dann unterbrochen werden. Ab und zu - vor allem bei etwas langweiligeren Sequenzen - kann dann wieder mit dem Reiben begonnen werden. Das stimuliert den Anderen wieder so sehr, dass er und man selber, kaum noch das Ende des Films abwarten kann.

Manche mögen's wild(er)

Sex ist sehr schön, aber Abwechslung ist prickelnd.

Wie wäre es, wenn es mal etwas wilder zur Sache geht? Also wenn man zusammen nach Hause kommt, den Partner gleich aufs Bett "werfen" und loslegen, sich nicht lange am Ausziehen aufhalten, sondern ihr die Klamotten vom Leib reißen oder sie beim Küssen gegen die Wand drücken? Oder beim Shoppen mit in die Umkleidekabine gehen (allerdings sollte man dabei darauf achten, dass die Vorhänge nicht allzu durchsichtig sind. Am besten sind Umkleidekabinen mit Türen, die fast bis zum Boden reichen, da Verkäuferinnen doch recht neugierig sind). Ein weiterer Zeitpunkt ist auch nach einer gemeinsamen Partynacht auf dem Heimweg; kurz in eine dunkle Ecke verschwunden und einfach seinen Bedürfnissen freien Lauf lassen. Zudem darf man hier nicht gerade laut sein, was zusätzlich erregend wirkt.

Sextipp #17: Lady in red

Rot ist die Farbe der Liebe, aber auch der Sinnlichkeit und ungehemmten Leidenschaft.

Die Farbe regt alle Vorgänge im Körper an und stimuliert das vegetative Nervensystem.

Viele Männer stehen auf diese Signalfarbe.

Also, einfach mal rote Fingernägel, roten Lippenstift und einen roten oder schwarzen Slip oder nur halterlose schwarze Strümpfe tragen - sonst nichts...

Sexuelle Blütezeit

Viele Menschen glauben, dass ihre sexuellen Höhepunkte in ihrer Jugend liegen. Nicht umsonst heißt es im Volksmund, dass man sich erst einmal die Hörner abstoßen muss; oder ähnliche Äußerungen. Aber diese sexuellen Aktivitäten haben eher wenig mit besonderem Sex zu tun. Denn diesen erlebt man ab dem Gedeihen seiner sexuellen Blütezeit. Doch wann und wie erlangt man diese sexuelle Reife und somit auch diese wunderbaren Erlebnisse mit einem anderen Menschen?

Um das Besondere am Sex sehen zu können, muss man seine allgemeine Einstellung gegenüber Sex etwas ändern. Man darf nicht die Erwartungen in den Akt setzen, sondern muss dabei auf sich selber achten. Kurz gesagt bedeutet dies, dass man sich auf sich selber konzentrieren und dabei seine eigene Schönheit betrachten soll. Man hat also Sex mit dem Partner und sich selber.

Dies hört sich erst mal sehr spirituell und esoterisch an. Ist aber eigentlich nicht so gemeint. Natürlich ist Sex von Natur aus etwas Wunderbares. Doch erst nach einiger Zeit erhält man das Wissen und die Fertigkeit, die diese Zusammenkunft von denen in jungen Jahren hervorhebt. Man erkennt, dass man sich nicht nur die Hörner abstoßen, sondern eine (wenn teilweise auch nur kurze) Verbindung mit dem Gegenüber aufbauen möchte. Dies ist bereits der erste Grundstein für die Veränderung der Sicht auf Sex. Sexuell intensive Erfahrungen erlangt man vor allem, wenn man bereit und imstande ist, sich dem Gegenüber zu öffnen und zu erkennen zu geben, wie man selber ist. Denn beim Sex offenbart man sich mehr als man denkt (siehe zum Beispiel mein Beitrag über Culliningus).

Zum Beispiel sieht der Partner während des Höhepunktes, wer und wie man selber ist. Schließlich ist man zu diesem Zeitpunkt "schutzlos ausgeliefert" - um es dramatisch zu formulieren -. Viele schließen die Augen, beim Höhepunkt oder beim Geschlechtsverkehr, teilweise um sich zu verstecken - nach dem Motto: "wenn ich dich nicht sehe, siehst du mich auch nicht" -. Dies ist vermutlich auch einer der Gründe weshalb einige, vor allem Jugendliche, sich beim Sex nicht wirklich in die Augen sehen. Sie glauben, dass der Sexpartner hinter die Fassade blicken könnte. Diese Männer und Frauen stehen also, im Gegensatz zu reiferen Menschen, nicht zu sich, da sie teilweise noch nicht wissen, wer sie selber sind. Meist ändert sich diese Ansicht im Alter, ebenfalls bedingt durch die sexuellen Erfahrungen und der Einstellung gegenüber dem eigenem Ich. (Dies muss allerdings noch nicht bedeuten, dass man sexuelle Reife erlangt hat).

Ab einem gewissen Alter beginnt man, sich mit seinem Körper auseinanderzusetzen und so zu akzeptieren, wie man ist. Der Körper ist nicht mehr so knackig, die Haut ist nicht mehr all zu straff. Bei Männern wachsen Haare an allen möglichen Stellen, Frauen bekommen im Gegenzug Dehnungsstreifen. Nach einigen Jahren lebt man mit diesen Veränderungen (man sollte es zumindest). Es ist also kein Showlaufen mehr wie noch mit 16, als der Bauch noch eingezogen wurde und der Partner einen nur in einer bestimmten Position in einem leicht gedämmten Licht sehen durfte, weil er sonst gegebenenfalls einen kleinen Makel entdecken könnte. Für viele Männer und Frauen ist jedoch die Pubertät der Höhepunkt ihrer eigenen äußerlichen Attraktivität. Allerdings ist es auch die hormonelle Blütezeit, die zur reinen sexuellen Befriedigung dient und eher weniger die Ära, in der man sexuell etwas Besonderes erfährt. Ein weiterer Unterschied zu den Erfahreneren ist, dass pubertierende Jungs ihre Liebe für Sex eintauschen und die Mädchen Sex geben, um Liebe zu erhalten. Es sind also zwei unterschiedliche Beweggründe für den Geschlechtsverkehr, die zum Gleichen führen. Daher kann - theoretisches - nichts Besonderes und besonders Schönes an der sexuellen Vereinigung herauskommen.

Erst später konzentriert man sich dann auf seine eigenen Empfindungen. Ebenso lernt man dann erst sich, und somit auch seinen eigenen Körper zu akzeptieren und zu lieben und beginnt, Sex aus einem anderen Blickwinkel zu betrachten.

Und ja, in jedem Alter will man sich weiterhin ab und an einfach mal die Hörner abstoßen. Und auch hierbei kann man guten und ggf. besonderen Sex erleben. Wichtig ist dabei, dass beide die gleichen Erwartungen und Vorstellungen an diese Zusammenkunft haben.

Sextipp #18: nearly nothing

Unterwäsche an einer Frau kann sehr sexy sein. Besonders, wenn sie beinah durchsichtig ist.

Frau sollte dabei allerdings nicht übertreiben.. manchmal ist es besser, nicht gleich alles preiszugeben, sondern es nur - besonders durch den leicht durchsichtigen Stoff - ihn erahnen zu lassen.

Die Orgasmusgarantie

Die meisten Männer wollen, dass ihre Partnerin zuerst kommt, bevor sie kommen. Meist soll sie dabei auch mehrere Höhepunkte hintereinander erleben, bevor er zu seinem kommt. A la "ich bin ein Gentleman, meine Süße". Auch wenn dies eine sehr liebe und zuvorkommende Geste ist, denn schließlich können Frauen mehrere Höhepunkte nacheinander erleben ohne eine große Pause einlegen zu müssen, und der Akt und somit auch der Spaß daran nicht innerhalb von ein paar Minuten abgespeist ist, so ist manchmal kürzer auch ganz nett.

Denn beim Sex ist nicht nur das Erreichen des Höhepunktes das Ziel, sondern auch der Spaß an dem Akt kann Befriedigung bringen. Und viele Frauen finden es ebenfalls sehr erotisch und erregend, wenn er schnell kommt, denn es vermittelt ihnen das Gefühl, sehr begehrenswert zu sein.

Einige Männer zögern ihren Orgasmus allerdings nicht nur heraus, um besonders lange Sex mit der Frau zu haben. Oft sehen sie es als leichter an, zuerst in der gebenden (also Befriediger-) Position zu sein, bevor sie sich ihrer eigenen Befriedigung widmen. Männer bauen sich somit einen Erwartungsdruck auf, der sich steigert, je mehr sie sich darauf versteifen, ihrem Gegenüber mehrere Höhepunkte zu bescheren. Im schlimmsten Fall kann sich diese "Geberhaltung" so sehr einbrennen, dass die Frau bereits mehrmals gekommen ist, der Mann es vor lauter Druck im Kopf und durch das ständige Zurückhalten und Hinauszögern seines eigenen Höhepunktes es nicht mehr schafft, diesen zu erreichen. - Das kann auch sehr schmerzhaft für ihn werden! -

Und: Wenn die Frau nicht mehr so erregt (und feucht) ist, kann sie durch die viele Reibung und das viele Stoßen schnell überstrapaziert werden. Dies tut meist sehr weh und turnt sehr ab. Es dauert dann noch länger, bis sie wieder will.

Sextipp #19: Karneval der Phantasien

Rollenspiele turnen an, Rollenspiele mit Verkleidungen geben einen zusätzlichen Kick.

Männer mögen es besonders, wenn ihre Partnerin sich dabei als Schulmädchen oder als "notgeile" Sekretärin verkleiden.

Aber auch das Varietégirl ist neben der Polizistin und dem Cheerleader sehr beliebt. Und natürlich, die allseits bekannte Krankenschwester.

So, let's play a game.

You can leave your had an

Das Ausziehen kann sehr erotisch sein. Doch ein Striptease ist nicht all zu leicht.

Sollte Musik im Hintergrund laufen, ist es wichtig, sich im Rhythmus und im Takt dieser zu bewegen und auszuziehen. Das Entwenden einiger Kleidungsstücke sollte langsam und nicht ruckartig oder hastig erfolgen - auch wenn einem die Situation unangenehm ist und man alles schnell hinter sich bringen möchte-. Die Stripeinlage sollte daher einem selber ebenso Spaß und Erregung bereiten, wie dem Partner. Ist man zu nervös oder unsicher, kann der Partner in die Show mit eingebaut werden.

Leichter ist es auch, wenn man der Frau beim Ausziehen in die Augen schaut. Ein erotischer Schlafzimmerblick turnt zusätzlich an.

Bei Männern sieht das Ausziehen meist nicht so grazil und erotisch wie bei Frauen aus. Allerdings sollte Frau dabei eher nicht lachen (außer er lacht auch), sondern ihn anfassen und ggf. beim Entkleiden unterstützen.

Leichter ist es natürlich, sich gegenseitig, zum Rhythmus der Musik oder zum eigenen Rhythmus auszuziehen..

Und die halterlosen Seidenstrümpfe müssen nicht unbedingt ausgezogen werden...

Sextipp #20: wet wet wet

Er findet es sehr erotisch, wenn beim Petting sich am Slip die feuchte Vagina abbildet.

Handjob

Frauen mögen es, verwöhnt zu werden. Frauen mögen es, von gepflegten Männerhänden verwöhnt zu werden. Damit ist keine Massage gemeint, sondern, wenn er Hand an ihr anlegt.

Sein Handballen liegt oberhalb ihrer Klitoris und er streichelt sanft und zärtlich mit seinem Mittel- und Ringfinger die äußeren Schamlippen. Der Berührungsdruck wird nach einiger Zeit immer intensiver und stärker, und wächst mit der Erregung der Partnerin. Wenn die Frau schon sehr erregt ist, kann der Mann mit seinem Handballen nun zusätzlich Druck auf die Klitoris ausüben, indem er seine Hand sanft und dann immer stärker nach unten drückt (dabei aber bitte nicht zu fest).

Erleichtert wird alles, wenn er seine Finger in ihrem Mund befeuchtet und nun mit diesen beiden die Bewegungen seiner Zunge beim Cunillingus nachahmt.

Sextipp #21: Das weiße Gold

Wenn er auf ihren Körper ejakulieren darf. Vor allem auf die Brust oder in den offenen Mund und er sehen kann, wie das Sperma in ihren Mund hineinspritzt.

Kiss me, stranger

Für Frauen ist Küssen wichtiger und erotischer als Sex.

Zudem ist es für sie eine Art Liebesbarometer in der Beziehung. Das heißt, nimmt die Qualität und die Quantität der Küsse ab, geht es mit der Beziehung bergab.

Es sind also nicht nur gepflegte Männerhände, sondern auch Männerlippen, worauf Frauen achten. Sie sollten zart, weich und nicht spröde sein. Der Bart tragende Mann sollte über dies hinaus darauf achten, dass sein Oberlippenbart nicht zu sehr piekt, sonst sind schnell die Lippen der Liebsten spröde und aufgerissen.

Der Kuss beginnt langsam und sanft und erinnert nicht an ein Krokodil, Fisch oder Hund! Der Mund wird nicht nicht zu weit aufgerissen, schließlich will die Frau nicht aufgegessen werden, auch wenn er sie zum Anbeißen findet. Aber das Knabbern an den Körperteilen sollte auch nicht zu kurz kommen.

Der Mund wird -beim Zungenkuss – weder wie ein Fisch zusammengekniffen, noch wird die Dame wie ein Hund abgeschlabbert.

Wie beim Sex sollte beim Küssen ab und zu eine Pause eingelegt werden. Dies steigert die Spannung und Lust. Dabei weicht er ab und zu leicht zurück und wartet, dass sie sich zu ihm lehnt, um weiter geküsst zu werden.

Sanftes Saugen oder das Umkreisen der Zunge des Partners mit der eigenen... es gibt verschiedene Möglichkeiten und Ideen.

Zudem kann man auch Spielereien mit einbauen; einen Eiswürfel und dann mit kalter Zunge und Lippen den Partner küssen.

Beim Küssen sollte man sich von seiner Lust treiben lassen. Aber bitte nicht zu heftig (zumindest nicht, wenn die Gegenreaktion nicht mindestens ebenso deutlich ausfällt).

Und; Frauen mögen es sehr gerne, wenn der Mann bei leidenschaftlichen Liebkosungen ihren Hinterkopf mit einer Hand festhält.

Besonders erotisch empfinden es Frauen, wenn sie auf den Nacken geküsst werden. Ist der erste Kuss an dieser Stelle sanft, wird die Aufmerksamkeit dorthin verlegt. Der folgende Kuss erregt dann sogleich. Am besten ist es, wenn der Mann dabei hinter der Frau steht, so kann er ihren Nacken liebkosen, beißen usw. und mit seinen Händen den Frauenkörper vorne stimulieren.

Auch die Brustwarzen der Partnerin wollen sanft mit den Lippen berührt werden. Anschließend kann an den erregten Nippel gesaugt und mit der Zunge daran gespielt werden.

Und wenn man schon einmal in der Körperregion ist, kann die Zunge auch langsam über den Oberkörper des Partners fahren. Anschließend sanft dieser Spur entlang gepustet, verursacht eine kribbelnde Gänsehaut.

Sextipp #22: Showtime

Frauen und Männer erregt es, wenn sie ihrem Partner beim Masturbieren zuschauen können.

Extra-Tipp: Dabei sind verschiedene Variationen möglich. Mal mit, mal ohne Ansagen des Partners. Mal komplett allein, mal mit einigem Eingreifen des Partners. Besonders prickelnd allerdings ist es, wenn sie gefesselt ist und nur zuschauen und nicht anfassen und nichts sagen darf.

Sanfte Worte

Frauen sind sehr unsicher, was ihren Körper und ihr Aussehen angeht, auch wenn sie es manchmal nicht zeigen.

Spätestens, wenn sie nackt vor dem Mann stehen oder liegen, schleichen sich Zweifel in ihren Kopf und sie denkt über diesen oder jenen Makel an ihrem Körper nach. Besonders am Anfang der Beziehung.

Der Mann kann seiner Partnerin diese Scheu nehmen, indem er ihr Komplimente über ihren nackten Körper macht. Diese sollten aber sanft und nicht a la "Baby, du siehst Bombe aus" sein. Denn Übertreibungen oder zu starke Ausschweifungen wirken unehrlich.

Gleiches gilt natürlich auch für Männer, liebe Damen!

Sextipp #23: do it

Beim Sex ist reden Silber, handeln Gold.

Fingerspiele

Wie wäre es einmal mit einem Vorspiel der „anderen Art"? Und zwar nur mit den Fingern des Partners.
Wenn sie an seinen Fingern lutscht, wie an seinem Penis beim Blowjob, zum Beispiel.

Eine andere Variante ist, wenn er mit ihren Händen und Fingern spielt, als seien es ihre Beine. Anfangs mit einem Finger, sanft über ihren Zeigefinger streifen, erst die Außen- bzw. Oberseite, dann langsam die Innenseite. Schließlich die Kerbe zwischen Zeige- und Mittelfinger sanft berühren. Anschließend diese Stellen sanft küssen, über die feuchten Stellen sanft pusten, erneut küssen und streicheln. Die Berührungen sollten nicht unterbrochen werden.

Sextipp #24: zusätzliche Reibung

Eine andere Idee für eine Sexstellung:

Der Mann umarmt sie (auf Höhe der Schultern, sodass sein Gesicht auf der Höhe des Gesichts der Frau ist) und stützt sich dann auf seine Ellenbogen ab. Diese Stellung begünstigt ein ideales Eindringen des Penis in die Vagina der Frau, denn der Schaft reibt an ihrer Klitoris und wirkt als zusätzliche Stimulation.

Der Grafenberg...

Gibt es ihn oder gibt es ihn nicht? Der G-Punkt.

Dieses schwammartige Gewebe liegt ca. 2 - 5 cm in der Vagina der Frau an der Vorderseite der Wand. Oder unkomplizierter - schließlich hat niemand ein Zentimetermaß dabei und jeder (Frauen)Körper ist anders...: Den Zeigefinger sanft bis zum Ende an der oberen Vaginawand entlangführen und ihn anschließend leicht krümmen. Die andere Hand kann dabei zusätzlichen Druck auf die Bauchdecke ausüben und somit die Stimulation des G-Punktes fördern.

Punkt.

Bei Erregung vergrößert sich diese Fläche massiv. Dies soll der G-Punkt sein.

Sextipp #25: Druckpunkt

Wenn eine Frau sehr erregt ist, weitet sich ihre Scheide meistens, d. h. sie ist nicht mehr so eng. Drückt man beim Sex mit seinem Finger auf die Stelle über ihren Anus, so ziehen sich ihr Schließmuskel sowie ihre Scheide weiter zusammen.

Hui, wie das glänzt

Das erste Mal bei ihm:

Frauen sind beeindruckt, und ja, sie stehen auch auf eine aufgeräumte und saubere Männerwohnung. Den dies bedeutet nicht nur, dass der Mann ebenso auf seine Körperhygiene achtet, sondern auch, dass es sich hier überall ohne Ekelgedanken "treiben" lässt.

Wenn er vorher noch für sie lecker gekocht hat, sind viele Frauen hin und weg und freuen sich auf einen ausgiebigen Nachtisch, der ebenfalls ins Bett verlegt werden kann. Praktisch sind dann vor allem Desserts, die sich ins Vorspiel integrieren lassen, wie Obst, Sahne, flüssige Schokolade (ggf. Schoko-Fondue).

Sextipp #26: Brüste

Viele Männer verwöhnen die Brüste einer Frau während des Vorspiels, aber vergessen sie während des Hauptaktes. Dies ist schade, da die Brüste einer Frau eine zusätzliche Stimulation bieten und somit zu einem besseren Orgasmus führen können.

Dabei ist es wichtig, dass der Mann sich nicht nur auf ihre Brustwarzen konzentriert. Die ganze Brust mit Nerven, vor allem die Unterseite, sind eine erogene Zone. Zum Beispiel kann er mit seinen Fingerspitzen langsam breite Kreise auf ihrer Brust zeichnen und diese spiralförmig zu den Brustwarzen zulaufen lassen, ohne diese allerdings zu berühren. Bevor er diese berührt, sollte er seinen Finger absetzen und mit seiner Zunge den "Linien" weiter folgen.

Take your time

Männer kommen schneller zum Orgasmus als Frauen. Das ist bekannt.

Daher sollte er ihr, besonders zu Beginn Zeit lassen. Frauen können bis zu 40 Minuten brauchen, ehe sie ihren Höhepunkt erreichen. Stress und Zeit- sowie Kommensdruck ist konterproduktiv. Der Mann sollte der Frauen beim Sex den Stress nehmen und ihr verdeutlichen, dass der Sex seinetwegen die ganze Nacht und noch länger dauern kann, Hauptsache sie fühlt sich wohl.

Ebenso wie Männer wollen es auch Frauen nicht, unter Druck gesetzt zu werden, ihren Höhepunkt zu erreichen.

Und ein echter Orgasmus ist immer schöner als ein gefakter!

Sextipp #27: G-Punkt

Dieses vielbesprochene Gebiet ist etwa 2 cm groß und befindet sich in ihre Vagina an der vorderen Dieser Punkt intensiviert den Orgasmus.

Um ihn mit dem Penis zu erreichen, ist die Doggy-Style-Stellung mit am Effektivsten. Statt aber dabei die Arme gerade zu halten, sollte sie sich mit ihren Ellenbogen auf den Untergrund stützen. So wird der Winkel des Eindringens verändert und "G-Punkt-Optimiert". Er sollte dabei ihre Hüfte im Gleichgewicht halten und zunächst langsam stoßen. Dies kann dann intensiviert werden. Mit jedem Stoß reibt der Penis gegen die Wand der Vagina und regt den besonderen Punkt an.

Lochbrüder?

Meistens ist es ja so, dass der Partner beim ersten gemeinsamen Sex keine Jungfrau ist.

Er/sie hatte schon einige Sexpartner zuvor. Allerdings sollte man sich das aus dem Kopf schlagen, denn diese Phantasien sind alles andere als förderlich. Weder beim Sex noch in der Beziehung.

Dies ist auch geschlechtsabhängig. Wohingegen Männer gerne die Zahl ihrer Sexpartner nach oben korrigieren, damit sie als erfahrene Könner darstellen, schummeln Frauen die Zahl der Sexualpartner gerne nach unten, um nicht als Schlampe zu gelten. Aber, in einer Beziehung ahmen die Männer Frauen in diesem Punkt nach und nennen ihrer Neuen lieber eine niedrigere Zahl, um sie nicht ins Grübeln zu bringen.

Am besten sollte man eher nicht über diese Nummern und Zahlen sprechen. Und vor allem nicht über Namen, geschweige denn die Personen einmal treffen. Denn schon vergleicht man sich mit den Exen und stellt sich ggf. sogar Sexpraktiken zwischen ihnen und dem aktuellen Partner vor.
„Sie hat einen strafferen Po, als ich." „Damals haben sie sicherlich die und die Stellung ausprobiert und dabei hat sie so laut gestöhnt, was ihn so scharf macht." (Der Mann wiederum stellt stattdessen eher einen Penisvergleich an.)

Unter den Geschlechtern ist das benennen von Zahlen und Namen allerdings eher weniger ein Problem. Männer geben gerne mit den Frauen an und betiteln sich sogar als "Lochbrüder" wenn sie und ihr Kumpel mit derselben Frau geschlafen haben. (Achtung: es wird dabei aber nicht von der

Frau geredet, mit der man zusammen war, sondern nur über Bettgeschichten, denn die Frau an seiner Seite sollte dabei immer die brave Lady sein, die wilde und verrückte Sachen allein mit ihm macht). Gerne berichten Männer sich gegenseitig, was sie dann mit der Frau angestellt haben und was sie zugelassen hat. Zumeist übertrumpfen sie sich dann gegenseitig. Was die Freundin mit ihm im Bett macht, wird dann nicht mehr wirklich berichtet, sobald es richtig ernst wird, und sodann bleibt er mit versauten Details sparsam.

Frauen sind allerdings unter Freundinnen nicht anders. Unter Freundinnen wird gerne geprahlt. Aber eher die Sexpraktiken des Partners. Dies hört nicht ganz auf, wenn sie mit dem Mann in einer Beziehung sind. Dann werden seine Leistungen noch immer in den Himmel gelobt, aber über die eigenen Taten, bzw. was man genau gemacht hat, bleibt dann allerdings doch geheim, denn auch gegenüber seinen Freundinnen möchte sie ungern als Schlampe gelten.

Männer finden "Lochbrüderschaft" zumeist als etwas Cooles, solange es nur Bettgeschichten und nicht Partnerschaften sind. Frauen haben allerdings keine "Stecherschwesterschaft", denn sie wollen dann doch nicht ihren Sexpartner mit Freundinnen teilen, lieber eher nur die Geschichten.

Sextipp #28: Quickies

Frauen lieben Überraschungen. Und wenn diese ein Quickie sind, fühlt sie sich umso begehrenswerter und attraktiver. Der Mann sollte ihr dann das Gefühl geben, unwiderstehlich zu sein und dass er es kaum erwarten kann, mit ihr zu schlafen. Gute Situationen sind zum Beispiel, wenn er oder sie nach Hause kommen, sie mit einem langen und intensiven Kuss zu begrüßen, ihr alles aus der Hand zu nehmen und sie auf das Sofa oder Bett zu tragen. Die Packung Gleitgel wurde zuvor schon von dem Mann in greifbarer Nähe verstaut, sodass sie besser stimuliert werden kann. Das Gleitgel gibt er dann auf seine Finger und massiert damit ihre Klitoris, während er ihr heiße Sachen ins Ohr flüstert. Je erregter er ist und es ihr zeigt, desto erregter wird sie sein und mitspielen.

Und wenn es nicht klappt, kann die Situation zu gegebener Zeit noch einmal wiederholt werden.

Kratz mich! Beiß mich! Gib mir Tiernamen..

Ab und an kann es beim Sex auch mal etwas Härter zugehen, Kratzen, beißen, hauen. Damit ist allerdings nicht gleich SM gemeint.

Wichtig ist, für Frauen ebenso wie für Männer, sich die Fingernägel vorher zu feilen, sonst wird es schnell blutig oder zumindest unangenehm. Beißen, bitte nicht zu dolle, auch wenn sie auf Vampirfilme steht. Es ist doch nicht allzu angenehm in die Halsschlagader gebissen zu werden. Zudem können zu starke Bisse auch unschöne blaue Abdrücke hinterlassen. Ein Knutschfleck der anderen Art sozusagen.

Schnell rutscht beim Sex auch manchmal ein Tiername raus, wie „Besorg's mir du geiler Hengst!" oder mach's mir mein Tiger!" Tiernamen sind manchmal sehr sexy. Allerdings nicht alle. Auf Hase, Maus, Raupe oder gar Nacktmull sollte (nicht nur beim Sex) verzichtet werden. Diese Namen wirken komisch, absurd und eher abturnend.

PS. Auch bei Betitelung als Raubkatzen sollte man bedenken, dass diese Widerhaken an ihrem Penis haben… ;)

Sextipp #29: Fest im Griff

Es gibt Tausende von Nerven in der Kopfhaut. Ist die Frau erregt, so ist die Hautpartie besonders empfindlich, was sich auch auf das Ziehen an ihrer Mähne zeigt. Leichtes Ziehen gehört beim Akt ebenso dazu wie Festhalten und Küssen. Aber es gibt einen Haken: Wenn der Mann die Frau während des Sex zu sehr an den Haaren zieht, bekommt sie schnell das Gefühl, wie eine Nutte behandelt zu werden. Außerdem lieben Frauen ihre Haare und reagieren bei grobem Umgang mit ihnen sehr empfindlich. Stattdessen sollte der Mann, wenn sie auf ihm liegt oder sitzt, mit der Hand durch ihre Haare fahren, eine Hand voll Haare schnappen und ein wenig (!) ziehen. Dies stimuliert die Kopfhaut. Der Trick funktioniert besonders gut, wenn der Sex leidenschaftlich ist, da der Mann die Frau überall packt und dieses intensiver empfindet.

Treu mit dem Ex?

Treue zählt mit zu den wichtigsten Voraussetzungen für eine gute Beziehung. Allerdings sind, laut einer Hamburger Studie, mindestens 50 Prozent der Männer und Frauen in einer Beziehung bereits einmal oder mehrmals fremdgegangen.

Und die Zahl der treulosen Tomaten steigt ebenso wie die Zahl der misstrauischen Partner.

Als besonders förderlich für Misstrauen sind ständige Treueschwüre ebenso wie Geheimniskrämerei. Aber auch strikte Verbote, die ununterbrochen ausgesprochen werden, begünstigen das Fremdgehen. Denn jeder weiß, dass Verbotenes erst recht verführerisch ist und getan wird.

Wichtig ist also, dass man seiner Partnerin das Gefühl gibt, die Einzige zu sein und nicht künstlich versucht, Eifersucht zu sähen, damit man das Gefühl geliebt zu werden erhält. Auch sollte man immer ehrlich sein. Seine Wünsche in der Beziehung und besonders im Sexleben offen und gerade heraus äußern.

Doch wie sieht es denn nun aus, wenn der Expartner hinzukommt? Ist man dann auch gleich untreu? Schließlich hatte man eine Beziehung mit ihr, war also mit ihr zusammen und hat eine freundschaftliche Beziehung und noch immer eine besondere Verbindung. Sie sind ein Teil des Lebens. Zudem weiß man, was man an ihr hatte und wie sie es im Bett mag; also ist vielleicht dieser Akt dann auch leichter ausführbar als sich einen One-Night-Stand zu suchen? Und es ist ja die eigenen Vergangenheit, mit der man schläft, sozusagen ein Teil von einem selber, der eigenen Biografie.

Nein, es ist nichts Anderes, ggf. noch etwas Schlimmer. Denn, diese Person war einmal die wichtigste Person im eigenen Leben. Es können schnell Gefühle wieder aufkommen - wie immer beim Sex mit der Ex - und es ist gefährlich. Denn sobald wieder einigermaßen Gefühle mit im Spiel sind, kann die Ex die Situation ausnutzen und die Informationen gegen die aktuelle Beziehung verwenden, wenn sie noch immer in ihn verliebt ist. Auch ist wichtig zu merken, dass der Expartner nicht der Besitz von einem ist. Zwar hat man vieles füreinander getan, geteilt und erlebt, aber diese Zeiten sind vorbei.

Die meisten wollen durch Sex mit dem Ex auch ihre eigene Beziehung überprüfen. Ob diese aktuelle besser ist als die damalige. Ob die Entscheidung, sich zu trennen, die richtige war, und - natürlich - ob der Sex so gut (oder schlecht) ist, wie er im Gedächtnis hängen geblieben ist.

Fremdgehen ist immer ein zweischneidiges Gleis. Sicher ist es nicht schön, betrogen zu werden. Das Gefühl zu betrügen ist ebenfalls nicht gerade das Schönste.

Allerdings kann es förderlich sein. Man mindert das Verlangen nach etwas anderem, stillt seine "düsteren" Phantasien oder prüft ich selber und seine Gefühle für den eigenen Partner. Im Ergebnis ist man ggf. also wieder zufriedener in der Beziehung, da man nun weiß, was man hat. Wiederum können Gewissensbisse schlaflose Nächte bereiten.

Alles in allem sollte es bei einer einmaligen Sache bleiben bzw. es sollte auf keinen Fall zur Routine werden. Denn so kann man es gleich ganz bleiben lassen mit der Beziehung (Ausnahmen sind natürlich die offenen Beziehungen). Auch ein großes No-Go ist hierbei, dass man seinem Partner NIE von dem Fremdgehen erzählt. Denn dies zerstört das Grundvertrauen in die Beziehung.

Das ist kein Aufruf zur Untreue. Allerdings kann es in einigen Fällen förderlich sein, um die Lebensdauer einer Beziehung zu verlängern. Sei es, man will sich selber und somit die Gefühle prüfen, Sachen ausprobieren, für die einen der Partner nie mehr anschauen würde oder sich einfach nur noch einmal die Hörner abstoßen.

Und.. jeder weiß, dass Männer und auch Frauen ab einem gewissen Alter in die Midlife-Crises kommen und auf der Suche nach jungem Gemüse und dem zweiten Frühling sind, also so oder so das Potential des Fremdgehens in sich hegen. Sei es früher oder später.

Man sollte immer fair bleiben. Egal in welcher Situation und in welchem Alter.

Sextipp #30: Dirty Talk

Frauen sind verbale Lebewesen und ihre Liebe zum Wort erstreckt sich bis auf das Schlafzimmer. Leider glauben die meisten Männer, dass im Schlafzimmer die normale Sprache aufhört und die Pornosprache anfängt. (Frage: "Wer ist dein Papa" könnte zu einem Schlag ins Gesicht führen). Was Frauen nicht hören wollen, sind Äußerungen über das Know-How des Mannes oder Erlebnisse mit anderen Frauen oder mit Freunden. Im Schlafzimmer gibt es nur die am Sex beteiligten Personen.

Aber viel wichtiger als das Thema ist die Stimme, mit der die Sätze ihr gesagt werden. Denn diese sollte so sein, dass sie schon alleine vom Hören Gänsehaut bekommt.

Zuckerbrot und Peitsche

Fesseln, Peitschen, Halsbänder und Knebel finden sich immer häufiger in den Schlafzimmern und auf den Sexspielwiesen wieder. Spanking ist nichts Verruchtes mehr.

Auch wenn es nicht immer gleich Bondage oder SM ist, können diese kleinen Helferlein nützlich sein und viel Abwechslung ins Sexleben bringen.

Allerdings ist Peitschen nicht gleich Peitschen, ebenso wenig wie Knebeln gleich Knebeln ist. Richtiges Peitschen will gelernt sein. Man darf nämlich nicht alle Körperstellen gleich stark schlage, sodass der Partner erregt wird. Wichtig ist, das Aufwärmen. Hierfür werden die Körperstellen vorher sanft mit der flachen Hand geschlagen. Diese Schläge werden stärker und intensiver, bis die Region warm, rot und somit gut durchblutet ist. Anschließend können die sanften Schläge mit der Peitsche beginnen, die immer fester werden.

Möchte man zum Beispiel den Po seines Partners versohlen, sollte dies nur im inneren Kreis der Gesäßmuskeln passieren. Die Gesäßknochen bilden sozusagen die imaginäre Grenze hierfür.

Auch sollten keine Stellen geschlagen werden, an denen sich dünne Haut oder Organe (Nieren etc.) befinden.

Wichtig: Vorher bitte ein absurdes Codewort, beispielsweise "Kühlschrank", abmachen, wenn es vom Spiel zur Tortur mutiert und der "Schläger" aufhören soll.

Sextipp #31: Oralsex

Meistens befriedigen Frauen Männer so lange oral, bis diese gekommen sind. Aber wie wäre es, wenn der Mann die Frau befriedigt, bis sie gekommen und anschließend nicht weitermacht?

So sieht es nicht nach dem typischen "So ich dir, so du mir" aus und die Frau wird sich sehr über diese kleine Geste freuen.

Telefonsex

Beim Telefonsex ist es wichtig, alleine an einem ruhigen Ort zu sein. (Sicherlich können Profis überall und auch mal zwischendurch - wie zum Beispiel auf der Bürotoilette -, aber nicht beim Ersten Mal). Auch sollte es eher nicht unter Zeitdruck oder anderem Druck (z. B. ausgeübt durch den Partner) geschehen.

Beide sollten keine Probleme haben, über Sex zu reden, oder die Geschlechtsorgane oder erogenen zu benennen. Spitznamen oder Kosewörter kommen weder beim Sex noch beim Telefonsex gut. Man sollte versuchen, ernst bei der Sache zu sein - auch kann man lachen, klar. Denn Sex soll vor allem Spaß machen! – Die Stimmung in dem Raum sollte, ebenso wie beim Akt, angenehm und erregend sein. Wenn man zum ersten Mal Telefonsex macht, kann man sich an dem Ablauf des eigentlichen Akts orientieren. Wo würde ich zuerst anfassen, welche Stelle zu Beginn küssen, wo lecken? Oder auch beißen? Als weitere Hilfe kann man die Augen dabei schließen, um sich die Worte besser vorstellen zu können. Je weiter der Akt fortschreitet, desto mehr muss man sich konzentrieren. Denn neben den Worten des Gesprächspartners, stimuliert man sich mit seinen eigenen Händen an den genannten Stellen zusätzlich selber. Wichtig ist, wie auch beim Sex, die Atmung. Beim Telefonsex sticht sie aber besonders hervor, denn sie ist neben den Worten, was der am anderen Ende der Leitung hört. Und das Atmen sowie das Stöhnen wirkt noch einmal als zusätzlicher Reiz für einen selber und den Partner.

Am Ende, wenn der Höhepunkt naht, konzentriert sich jeder auf sich selber und befriedigt sich so, wie bei seiner Masturbation.

Allerdings kann man dann sich nicht mehr wirklich auf den Partner konzentrieren. In diesem Fall sollte man abwägen, für wen das Gespräch mit einem Höhepunkt enden sollte.

Die Orte können variieren. Anfangs das Bett, zum Beispiel vor dem Einschlafen oder gleich nach dem Aufwachen, oder die Badewanne, das Sofa und und und. Geübte können, wie bereits zu Beginn erwähnt, diese Art von Gesprächen auch auf ihre Mittagspause ausweiten.

Was auch interessant ist, sind Sex-SMS oder Mails. Diese können ebenso zwischendurch - wenn der Partner ein langweiliges Meeting hat oder wenn sie nach einer langen Reise im Zug sitzt - als Erregung und Auslöser für etwas Vorfreude auf den Abend, genutzt werden. Der Phantasie sind keine Grenzen gesetzt. Allerdings sollte das Umfeld dadurch nicht mit einbezogen werden, denn so offen ist unsere Gesellschaft dann doch noch nicht.

Sextipp #32: Hot Spot

Die meisten Frauen können während des Geschlechtsverkehrs keinen Orgasmus ohne Stimulation der Klitoris bekommen. Daher sollte der Mann, sobald er mit seiner Hand die Klitoris der Frau berühren kann, diese auch stimulieren. Am besten ist das Reiben diesen Hot Spots. Die Berührungen sollten anfangs langsam und weich und später härter und schneller werden. Wenn es um Technik geht, ist jede Frau unterschiedlich. Der Mann sollte also verschiedenes ausprobieren. (Bsp. einen Finger direkt auf ihre Klitoris gepresst, drei Finger über die gesamte Fläche, oder die Ferse der Hand auf ihren Venushügel - das Stöhnen der Frau wird ihm sagen, wenn er es richtig macht.)

Spielbegleiter

Das mit dem Spielzeug ist so eine Sache.. und wurde hier bereits schon angesprochen. Zumindest weiß jeder –oder ahnt es –, dass es etwas für jeden Geschmack gibt. Alle werden hier natürlich nun nicht erläutert oder beschrieben, aber ein paar der gängigsten oder bekanntesten.

Zu unterscheiden sind vor allem Spielzeuge für den Mann und für die Frau – obwohl auf die eine oder andere Art sicherlich beide alles nutzen können, jedenfalls die meisten Spielzeuge.
Jedes Spielzeug kann man allerdings alleine, zu zweit oder zu mehreren mit in den Sexakt einbauen. Sei es der Dildo, der Plug oder die Liebeskugeln. Auch die sogenannte „Taschenmuschi" kann spielerisch mit ins Treiben integriert werden. Die große Frage ist allerdings meist, wie man dies anstellt oder zumindest feststellt, ob der Partner diesen Gegenstand gut findet.

Frauen sind sehr experimentierfreudig. Männer natürlich auch. Allerdings haben Frauen eher weniger (Ab)scheu davor, sich etwas in gewisse Löcher zu stecken. Egal ob vaginal oder anal. Bei Männern wirkt das Verb schon abschreckend. Die wenigsten können sich vorstellen, dass es wirklich angenehm ist, sich etwas in den After zu stecken, geschweige denn in die Harnröhre. Meiner Meinung nach, ist das Ding mit der Harnröhre doch schon sehr speziell, weshalb ich hierdrauf jetzt nicht näher eingehen werde. Auf den Rest allerdings schon.

Doch wie sagt man seinem Partner, was man ausprobieren möchte? Einfach hinlegen, einfach machen?

Eigentlich ist beim Sex „das Machen" bzw. Ausprobieren immer die beste Methode. Allerdings sollte mit Sexspielzeug in dem

Bereich etwas vorsichtiger vorgegangen werden, da sich einige auf den Schlips getreten oder angeekelt fühlen könnten.

Die beste und einfachste Methode ist, mit dem Partner in einen Sexshop zu gehen. Beide schauen sich gemeinsam die Gegenstände an, fassen sie an und können damit „trocken" rumspielen.

Will man seinen Partner allerdings überraschen, kann man ihm das Spielzeug als Geschenk überreichen und vorsichtig zu erklären versuchen, dass man das gerne ausprobieren würde. Dabei NIE erwähnen, dass man dies mit dem Expartner schon getestet wurde. Das schreckt ab, denn der Partner wird dabei die ganze Zeit an den Expartner erinnert, (man denkt vielleicht sogar selber die ganze Zeit daran). Auch wird sie dadurch unter Druck gesetzt weil der Vorgänger das Toy vielleicht „besser" empfand.

Bei Geschenken ist es immer wichtig: bitte noch verpackt!!! Nicht nur aus hygienischen Gründen ist das besser (oder zumindest die Verpackung irgendwo liegen haben. Sonst kann er/sie schnell denken, dass das Spielzeug bereits benutzt wurde.
Anders ist es wiederum, wenn das Spielzeug kein Geschenk ist, sondern sie es selber benutzt. Dies kann zum Beispiel sein, wenn er der Partnerin vorschlägt, das eigene Spielzeug zusammen auszuprobieren oder dass sie ihr bei der Selbstbefriedigung zuschauen darf.

Wird nun der „Dritte im Bunde" mit in den Akt eingebaut, sollten beide neugierig aufs Experimentieren sein. Also nicht gleich „rein ins Loch" sondern auch am gesamten Körper entlangstreichen, in die Hände nehmen und mit Gleitgel einreiben und und und. Das Spielzeug sollte also Wort wörtlich genommen werden. Es soll mit ihm gespielt werden.

Und falls sie nicht will, bitte nicht drängen! Vielleicht einfach mal das Spielzeug ein paar Tage in der Schublade neben dem Bett liegen lassen und abwarten. Vielleicht probiert sie es in einer ruhigen Minute selber und alleine aus. Denn jeder Mensch ist neugierig…

Sextipp #33: Küsse

Die meisten Männer hören während des Geschlechtsverkehrs auf zu küssen. Das ist ein schlechter Zug, denn Küssen macht Sex das Gefühl intimer für eine Frau und ist entscheidend für weibliche Lust.

Dabei sollte er eine Position wählen, bei der beide von Angesicht zu Angesicht liegen, z. B. die Missionarsstellung und sie sitzt auf seinem Schoß.

Spielbegleiter I

Ein mögliches Toy und das bekannteste ist der Dildo. Er kann unterschiedliche Formen haben, aus verschiedenen Materialien und Farben bestehen sowie jede mögliche Größe haben.

Vibratoren haben durch ihren Motor eine zusätzliche Stimulationsfunktion. Am praktischsten ist hierbei die etwas modernere Version mit Akkus, da Batterien bei normalem Gebrauch von Vibratoren nicht allzu lange halten und so wird der Spaß schnell teuer.

Natürlich kann ein Vibrator nicht nur vaginal oder anal benutzt werden. Er kann auch gut ins Vorspiel eingebaut werden, zum Beispiel, indem mithilfe der Vibration die Brüste, die Scharmlippen oder die Hoden stimuliert werden. Der Phantasie sind keine Grenzen gesetzt.

Es gibt aber nicht nur die Vibratoren, die aussehen wie ein "typischer" Dildo. Speziell auf die Stimulationspunkte abgestimmt, weisen sie mittlerweile unterschiedliche Formen auf.

Eine zusätzliche Stimulation bieten Vibratoren mit einem "abstehenden" Klitorisvibrator. Es sind also zwei Vibratoren in einem.
Auch mit einem speziellen Auflegevibrator kann die Klitoris erregt werden. Dieses Lustspielzeug hat eher die Form einer großen Bohne bzw. Steins. Es ist etwas gewölbt, wobei er beim Aufliegen den Venushügel und zugleich die Klitoris stimuliert. Der Auflegevibrator kann flächig oder zielgenau eingesetzt werden. Die Vibrationsintensität ist mittels Tasten verstellbar. Die Druckintensivität kann man selber bestimmten - entweder durch bloßes Liegenlassen oder durch sanften Drücken.

Zwar sieht der Stabvibrator aus, wie ein "normaler" bzw. altbekannter Dildo, allerdings nutzen die meisten Frauen die längliche Vibrationsmaschine am häufigsten zur klitoralen Stimulation. Sollte der Stabvibrator allerdings verschiedene Oberflächen wie Nippel oder Riffel haben, so empfiehlt sich die innere Stimulation.

Da die Vibratoren und Dildos meist eine bestimmte Größe aufweisen, kann auch auf Fingervibratoren zurückgegriffen werden. Diese stülpt man sich selber oder der Partner über den Finger und streichelt die erogenen Zonen oder benutzt ihn als zusätzliche Stimulation beim Petting.

Kleiner Tipp: Am besten sind Silikonvibratoren. Diese passen sich der Körperform und −temperatur an und sind leicht zu säubern.

Tipp: Vibratoren am besten immer erst an der Nasenspitze ausprobieren. Dort befinden sich ähnlich viele Nervenenden, wie an der Klitoris. So weiß sie, wie sich das Toy dann auch unten anfühlt.

Allerdings muss das Miteinbeziehen eines Sexspielzeuges nicht nur eine Person anturnen. Aus diesem Grund gibt es Paarvibratoren. Die etwas merkwürdig aussehenden Sexspielzeuge in Form eines U's werden - wie ein gewöhnlicher Vibrator - eingeführt und benutzt. Allerdings schaut ein Vibrationsstück heraus. Es liegt sozusagen auf dem Venushügel der Frau. Setzt sich nun der Mann auf diesen, kann er mittels der Schwingungen seine Hoden oder/und sein Glied reizen. So spüren beide die Vibes und erfahren ein ganz neues Gefühl der gemeinsamen "Reizbarkeit".

Sextipp #34: Blümchen mit Stacheln

Frauen wollen - auch ab und zu - Blümchensex. Dies ist allerdings immer weniger.

Zumeist stehen sie auf den "Bad Boy" und etwas mehr Aggressivität im Bett.
Dies heißt, dass beim Sex der gesamte Körper sowie Kraft im Spiel sind. Dieses Spiel kann wahnsinnig erotisch sein und erfordert nicht viel Arbeit oder fortgeschrittene Fähigkeiten auf beiden Seiten. Meistens erreicht man hierdurch ein weiteres Erregungsniveau.

Bsp. in der Missionsarbeit nimmt er ihre Handgelenke und hält sie über ihrem Kopf, fixiert sie auf der Matratze, damit sie ihre Hände nicht mehr bewegen kann. Wenn sie oben liegt, kann er ihre Hüfte halten und somit lenken, wann sie sich auf und ab bewegt sodass ihre Klitoris gegen ihr Schambein reibt. Auch bei einem Positionswechsel kann etwas mehr Aggressivität mit ins Spiel gebracht werden. Also nicht lange fragen, sondern sie einfach so hinwerfen, wie er es will.

Spielbegleiter II

Eine weitere Stimulationsmöglichkeit für Frauen sind Liebeskugeln.

Das sind ein oder zwei hohle Kugeln an einer Kette, die jeweils einen "Klangkörper" in sich tragen oder durch Bewegungen der Kugeln Vibrationen auslösen. Sobald sie eingeführt werden und die Frau sich bewegt, bewegen sich die Kugeln in dem Hohlkörper, lösen eine Vibration aus und stimulieren somit alle umliegenden Nerven.

Eigentlich ist dieses Spielzeug eher ein medizinischer Gegenstand, da sie die Beckenbodenmuskulatur trainiert. Aber, ein toller Nebeneffekt: sie regt an und stimuliert ungemein.

Die Liebeskugeln können überall zu jeder Zeit getragen werden, allerdings auch nur acht Stunden am Tag.

Sextipp #35: Worte voll Phantasie

Der Kopf spielt beim Vorspiel und beim Sex eine große Rolle bei Frauen.

Er und sie liegen im Bett nebeneinander, während sie beschreibt, was sie gerne bei und mit ihm machen würde, ohne dass sich die Partner dabei berühren. Diese Berührungen und Handlungen werden so detailliert wie möglich beschreiben (wie es sich anfühlt, was das bei ihr auslöst, was danach kommt usw.)

Spielbegleiter III

Ein weiterer - stillschweigender - Sexpartner ist der Plug oder auch Anal-Plug. Er hat die Form eines Pilzes oder eines kleinen Dildos. Analplugs gibt es in verschiedenen Formen und Größen. Am besten probiert man selber aus, welcher einem am angenehmsten ist. Bei Hemmungen kann auch ein Kondom über den Plug gestülpt werden.

Analgleitgel nicht vergessen!

Der Plug wird nach dem Anilingus (Stimulation des Hinterns) mit viel Analgleitgel (ist wie Gleitgel nur etwas flüssiger und dadurch gleitfähiger) eingeführt.

Nun kann damit beliebig rumgespielt und experimentiert werden.

Wichtig ist, bei Analspielzeug immer darauf zu achten, dass es am Ende eine größere Fläche oder "Gnubbel" hat, sodass das Toy nicht komplett in den Anus rutscht. Dies macht auch den Unterschied zu normalen Dildos und Vibratoren aus, da sie eine derartige "Bremse" nicht haben.

Achtung: Analspielzeug sollte nicht zu lange eingeführt bleiben!

Der besondere Kick ergibt sich, wenn die Frau (oder der Mann) doppelt stimuliert wird, also mit Analplug und Vibrator (oder Berührungen allgemein) an den Geschlechtsteilen.

Sextippp #36: Kalter Schauer

Gleitgel nie direkt auf die Vagina geben sondern vorher zwischen den Fingern anwärmen!

Spielbegleiter IV

Der Penisring ist ein Spielzeug, an welches sich Männer nicht mit großer Lust herantrauen.

Allerdings kann dieser Gegenstand Männern und Frauen viel Freude bereiten (zudem gibt es die Ringe bereits in Drogeriemärkten).

Es gibt die Cock-Ringe aus verschiedenen Materialien (Metall, Silikon, Leder) sowie in verschiedenen Formen und Farben und überdies auch mit Vibrationsfunktion. Das Material ist oft nicht flexibel, damit es seine Funktion erfüllen kann.

Eigentlich gilt der Cock-Ring als Intimschmuck und wurde als dieser hergestellt. Er ist allerdings mehr als das. Wichtig ist bei dem Penisring, die passende Größe zu tragen. Ist der Penis im unerigierten Zustand, wird der Ring über den Penis und den Hodensack gestülpt.

Der Sinn des Penisrings ist, eine Erektion als größer und härter zu empfinden. Für Frauen und Männer gleichermaßen. Dies liegt daran, dass er den Schwellkörper verengt. Das Blut staut sich so in dem erigierten Glied (dies hört sich unangenehm an, bringt allerdings eine stärkere Empfindungsfähigkeit hervor).

Die meisten Schmuckstücke dieser Art sind so konzipiert, dass sie während des Geschlechtsakts den Kitzler der Frau stimulieren (sei es durch ihr Material, Reibung oder Vibration).

Praktisch ist, dass der Cock-Ring klein und handlich und somit ziemlich unauffällig ist. Er kann also überall mit hingenommen werden. Allerdings sollte er sauber sein, damit der Sex nicht unhygienisch wird.

Der Cock-Ring kann auch anders eingesetzt werden. Und zwar können die Finger (Zeigefinger und Mittelfinger) durchgesteckt und seine und ihre Finger dadurch miteinander verbunden werden. So kann sie ihm auf eine andere Art und Weise einmal spüren lassen, wie sie sich selber befriedigt.

Sextipp #37: Early Birdy

Frauen stört es nicht, wenn der Mann zu früh kommt. Vielmehr sind sie davon genervt, wenn er gar nicht oder erst nach einer (zu) langen Zeit kommt. Schließlich ist sie auch nicht ununterbrochen feucht und es kann ihr nach einiger Zeit sogar Schmerzen bereiten.

Spielbegleiter V

Ein wirklicher Spielbegleiter, wie die im vorher genannten Sinne, ist dies nicht, denn es handelt sich um eine Person. Genauer gesagt, handelt es sich um einen Dreier oder auch Threesome. Egal ob zwei Frauen und ein Mann, zwei Männer und eine Frau oder alle drei des gleichen Geschlechts. Dreier sind eine heikle Sache.

Viele Frauen sind einem Dreier eher abgeneigt als Männer. Wobei Männer bei diesem Wort eher an einem Akt mit zwei Frauen und einem Mann denken Frauen sind hingegen offener. Ihnen ist es gleich, ob es sich bei ihren Spielbegleitern um Frauen oder Männer handelt. Sogar sind Frauen zwar erregt, wenn zwei Männer im Spiel sind, lehnen es eher ab, wenn diese sich gegenseitig befriedigen. Frauen wollen bei einem Dreier lieber selber im Mittelpunkt stehen. Dies ist meist auch die Schwierigkeit an dem Akt. Denn er schränkt die teilnehmenden Personen ziemlich ein.

Viele Frauen lehnen es ab, einen Dreier mit ihrem Partner zu haben, da sie befürchten, er fühle sich zu der anderen Frau mehr hingezogen als zu seiner Partnerin.
Männer scheuen es, einen anderen Mann sexuell zu berühren. Sie sind aber sehr offen bei weiteren Teilnehmerinnen und bevorzugen es, wenn ihre aktuelle Partnerin diesem Wunsch beiwohnt. Außerdem ist das Beobachten von sich gegenseitig befriedigenden Frauen und hoher Lustfaktor.

Ein klärendes Gespräch vor dem Erlebnis ist meist weniger hilfreich. Einige Partnerinnen wollen ihrem Mann nur einen Gefallen tun und stimmen daher diesem Akt zu. Währenddessen oder hinterher ist alles allerdings gezwungen und hat ggf. schlimme Auswirkungen (verlorenes Selbstwertgefühl, Eifersucht, Zweifel etc.).

Der Mann sollte in dieser Situation seinem Instinkt und den Kenntnissen über seine Partnerin folgen.

Sextipp #38: Sex Toy

Fast jede zweite Frau möchte gerne Sexspielzeug ausprobieren. Jede vierte sogar Analverkehr und Bondage.

Wiederum steht gerade einmal jede vierte Frau auf Schlucken und nur wenige mehr finden es erregend, wenn er auf ihren Körper ejakuliert.

Daher sollten einer Frau lieber Spielzeuge mitgebracht werden anstatt sie zum Schlucken zu bewegen. Besteht genug Vertrauen und ist der Spermageschmack angenehm (Ernährung!, klappt es sicherlich auch mit dem Verzehr des Männersaftes.

Spielbegleiter VI

Vibrations-Eier sind kleine, ovale Vibratoren, die mittels einer Schnur verbunden sind und ein Steuermodul für verschiedene Vibrationsarten besitzen.

Der Partner bestimmt mittels der Steuerung die Vibrationsintensität der Eier, die sich in der der Partnerin befinden.

Diese Eier lassen sich auch sehr gut ins Vorspiel einbauen. So kann sie die Eier tragen, wenn beide beim Abendessen sitzen und er kann sie dabei ab und zu stimulieren. Oder wenn sie ihn im Bett verwöhnt, leitet er sie mittels Belohnungs-Vibrationen auf den richtigen Weg.

Die Vibrations-Eier können auch ihn stimulieren. Zum Beispiel wenn sie diese vorsichtig an seinen Schaft hält.

Sextipp #39: Keine Bewegung

Noch ein paar Tricks aus dem Tantra-Bereich:

Der Mann legt sich seitlich hinter die Frau und dringt in sie ein. Stoßbewegungen werden nur durchgeführt, wenn die Erektion des Penis nachlässt. Kurz darauf hält der Mann wieder inne. Beide Partner können sich währenddessen streicheln und küssen. Zusätzlich kann der Mann den Kitzler der Partnerin mit seinen Fingern stimulieren.

Nachdem die Frau gekommen ist, fängt der Partner langsam an, sie zu stoßen um selber zum Orgasmus zu kommen. Ein Innehalten zwischendurch bringt einen zusätzlichen Kitzel. (Das gilt nicht nur für Tantra-Sex)

Eine Abwandlung hiervon: Wenn der Mann seinen erigierten Penis in der Frau gesteckt hat, und anstatt sich damit hinein und hinaus zu bewegen in ihr verharrt. Sein Becken bewegt er leicht kreisend. Das bietet auch etwas Erholung für den Mann und stimuliert die Frau zusätzlich.

Spielbegleiter VII

Sie sind essbar und bestehen aus einem aphrodisierendem Öl. Liebeskapseln. (Vorerst allerdings nur in den USA zu erhalten.)

Vielleicht einfach beim nächsten Urlaub mitbringen oder mitbringen lassen und schauen, was passiert.

Sextipp #40: Big Foot

Neben gepflegten Händen, sind gepflegte Füße sehr wichtig!

Denn Keiner will beim Sex von den Fußnägeln des Partners wundgekratzt oder mit Fußgeruch und –pilz aus dem Bett getrieben werden.

Wasser marsch!

Natursektparties sind so eine Sache. Schließlich werden die Fetischisten dadurch erregt, dass sie angepinkelt werden. Urinspiele oder Watersports sind nicht jedermanns Sache. Trotzdem outen sich immer mehr Bekenner hierzu, denn die Zahl der „Natursektparties" steigt.

Aber was macht diesen Reiz aus?

Eigentlich ist es ja ein Machtspiel. Einer wird bei diesem Spielchen erniedrigt, der andere hat die Macht. Es ist also eine andere Art des Rollenspiels Domina-Sklave.

Dazu muss man erwähnen, dass - auch wenn sich der Akt für viele nicht sehr erotisch anhört -, die Sache relativ hygienisch ist. Schließlich heilen einige Hautkrankheiten durch Eigenurintherapien.

Es sollte jeder selber wissen, ob er es gut findet und ausprobieren möchte. Fakt ist allerdings, dass man danach UNBEDINGT duschen und der Akt eher im Sanitärbereich stattfinden sollte. Und solange es beide gut finden und der „Wasserlasser" nicht unbedingt Spargel vorher gegessen hat… Wasser marsch!

Sextipp #41: Knabberspaß

Die Haut am Hals, die vom Ohr bis zu ihrem Schlüsselbein reicht, ist sehr dünn und somit hoch empfänglich für Berührungen.

Zu Beginn fährt der Mann mit seiner Zunge um ihr Ohr, dann um ihren Hals herunter bis zum Nacken. Dann sollte er sanft auf diese feuchte Spur pusten. Die Wärme der Zunge und die Kühle des Atems bewirken ein anregendes Prickeln am ganzen Frauenkörper. Danach sollte er ein wenig aggressiver an der Unterseite ihres Halses langfahren (wo bei Männern der Adamsapfel sitzt).

Zusätzliches Saugen am Hals sowie leichtes Knabbern stimulieren ebenfalls.

Just imagine

Wissenschaftler der Rutgers University bestätigten, dass es nicht nur die klitorale oder vaginale Stimulation eine Frau zum Orgasmus bringt. Vielmehr ist der Auslöser im Gehirn. Allein durch ihre Vorstellungskraft kann eine Frau Höhepunkte erlangen, denn das Wichtigste ist der Hormoncocktail, der im Gehirn ausgeschüttet wird. Diese Hormone lösen im Körper Reaktionen aus, die zum Orgasmus führen.

Sextipp #42.

Als Spiel vor dem Vorspiel kann der Mann eine Kostprobe seiner Zungenfertigkeit geben. Alles beginnt mit einem unverfänglichen Handkuss. Zärtlich, sanft, nicht feucht. Der Mund wandert an die Stelle zwischen dem Mittel- und dem Zeigefinger der Frau. An dieser Stelle kann er seine Fähigkeiten schon etwas veranschaulichen und Lust auf mehr machen.

Sex! But why?

Traurig aber wahr. Eigentlich haben Frauen immer Hintergedanken oder eine bestimmte Absicht, wenn sie mit einem Mann ins Bett gehen.

Die - für die Männer - deprimierende Absicht einer Frau – ist Mitleid. Mitleidssex. Sei es, wenn er einen schlechten Tag hatte, es ihm nicht gut geht oder er leidet usw. Es ist zwar Sex, aber wirklich schön ist etwas anderes, auch wenn dieser Sex nicht egoistisch ist.

Im Gegensatz zu der Absicht einer (meist zwischen) 30- und 35-jährigen Frau. Leider fängt in diesem Alter bei den meisten Frauen die innere Uhr an zu ticken. Sie wollen Nachwuchs. Egal wie! Fast egal von wem. Auch von einem ONS, wenn er attraktiv ist. Auch keine schöne Absicht um Sex zu haben, vor allem, wenn dann doch mehr aus dem ONS wird.

Es kann aber auch sein, dass der Sex auf Grund eines Machtspieles stattfindet. Das heißt, die Frau will den Mann beherrschen und dadurch bestimmte Sachen erreichen (und womit geht das leichter als mit Sex?). Oder sie will sich ihm unterwerfen, damit er sich mehr um sie kümmert und in ihm das Helfersyndrom geweckt wird.

Die traurigsten Gründe (vor allem für Männer) sind, wenn sie betrunken ist, eine Prostituierte oder sie noch nie Sex hatte und es nun einfach hinter sich bringen möchte.

Sicherlich entsteht Sex auch häufig auf Grund von Liebe. Das ist meistens so, und auch der schönste Sex.

Und, Ladies... einige Männer haben Sex mit Frauen um ihr Ego aufzupumpen, ihre Zahl der Sexpartner zu steigern oder um (Gefühls)Druck/Stress abzubauen...

Beide Geschlechter haben es also Faust dick hinter den Ohren, wenn es um Sex geht.

Sextipp #43:

Sex auf einem Spiegel, erst Recht beim Doggy-Style.

Touchpoint

Es gibt bei einer Frau viele erogene Zonen.

Mit am Wichtigsten sind hierbei die Lippen. Sie sind die empfindlichsten Körperteile und bestehen aus vielen Nerven, die teilweise direkt mit der Vagina verbunden sind.

Neben den Liebkosungen der Lippen, sollten auch die Ohren nicht vernachlässigt werden. (Zumindest bei den meisten Frauen).

Mit die bekannteste und bei den Männern beliebteste erogene Zone bei Frauen ist ihr Busen. Dabei sollte vor allem beim Vorspiel auf heftiges Rumkneten, Quetschen oder Rumspielen mit den Brustwarzen (á la Radio) verzichtet werden. Denn der weibliche Busen und vor allem die Brustwarzen sind sehr empfindlich. Die Brüste sollten sanft massiert, gestreichelt und geküsst, die Brustwarzen geleckt werden. Bitte nicht beißen. Und an den Brüsten sauge, wie ein kleines Kind, ist auch eher abturnend.

Ein unbekannter Fakt ist, dass die Haut an der Hüfte relativ dünn und daher ideal zum Streicheln ist. Ebenso die Innenseite der Oberschenkel, die bei vielen Frauen eine erogene Zone darstellt. Hier bewirkt sanftes Streicheln kribbelnde Erotik.

Welcher erogene Punkt ebenfalls ausprobiert werden kann, sind die Kniekehlen. Diese sind äußerst sensibel und empfänglich für Berührungen.

Sextipp #44:

Sextapes

Aber Achtung: Gesichter sollten nicht zu erkennen sein, weil es sonst nach einem Schlussstrich zu bösen Nachwirkungen kommen kann. Und: beide müssen mit den Aufnahmen einverstanden sein.

Kalender

Der Hormonzyklus einer Frau bestimmt ihre Bedürfnisse nach körperlicher Zuwendung. Dies bedeutet also, dass es in gewisser Art und Weise doch Sex und Zärtlichkeit nach dem Kalender gibt.

Denn die Macht der Hormone sorgt dafür, dass sie nicht ständig Lust auf Sex hat, sondern sich auch auf lebensnotwendige Dinge wie Essen, Arbeit und soziales Leben konzentrieren kann. Man sollte also diese Zyklen ausnutzen und dementsprechend den Sex richten (romantisch bzw. zärtlich oder an anderen Tagen wild).

So kommen beide zu ihrem Ziel.

Sextipp #45:

Mit ihr in einem Club nach einer potentiellen Kandidatin für einen Dreier Ausschau halten und dabei erzählen, was man mit der Auserwählten machen würde.

Sportlicher Höhepunkt

Dass man durch Sex-Sport zum Höhepunkt kommt, ist bekannt; allerdings erlangt man diesen auch durch "einfachen" Sport. Zumindest einige Frauen. Wenige Frauen geben dieses jedoch zu, da es ihnen unangenehm ist.

Und nein, damit ist nicht Tennisspielen gemeint, weil da die Frauen so "rumstöhnen".

Es gibt bestimmte Sportarten, die einen Höhepunkt während der Ausführung begünstigen. Die meisten dieser Aktivitäten haben mit dem Training der Beckenmuskulatur zu tun. Sei es bei Pilates (gezieltes An- und Entspannen dieser Region) oder Yoga. Beides zeigt sich mit einer einigermaßen hohen Orgasmusgarantie. Einen sexuellen Höhepunkt durch Sport.. oder durch Sport sportliche Höhepunkte erleben einige Frauen wortwörtlich. Eine Studie zeigt, bei welchen Sportarten sie - zufällig oder absichtlich - einen Orgasmus hatten.

Die Forscher hoffen, dass ihre Arbeit einmal Frauen helfen kann, die sonst beim Sex Schwierigkeiten damit haben. Diese Tatsache widerspricht allerdings den wissenschaftlichen Forschungsergebnissen, die davon ausgehen, dass der Höhepunkt eine rein sexuelle Angelegenheit ist. Frauen gelangen also nicht nur durch psychische Stimulation (Umgebung, Geräusche, etc.) zum Orgasmus, sondern auch durch rein körperliche Aktivitäten und Abläufe.

Viele Frauen spürten bei den Übungen eine Erregung, welche nicht zu einem Orgasmus führte. Dies kann unter anderem an der Hemmschwelle liegen, sich in diese Moment gänzlich fallen zu lassen und auf den Orgasmus zu konzentrieren.

Allerdings berichten über 40 Prozent der erwachsenen Frauen in dieser Studie, dass sie einen Orgasmus oder ein Orgasmus ähnliches Gefühlt erlebt haben.

Auch das Training der Bauchmuskeln, Radfahren oder Reiten kann eine Frau zum Orgasmus bringen. Es ist allerdings nicht ganz klar, ob die Erfahrungen bewusst wiederholt werden können oder sie nur zufällig geschehen.

Fakt ist, dass das An- und Entspannen der Becken- und/oder Bauchmuskeln sowie das schnelle stoßhafte Atmen ein derartiges Erlebnis unterstützen.

Wer dies nicht glaubt, sollte es "einfach" ausprobieren oder vermehrt die Frauen beim Sport beobachten.

(Statistik aus "Sexual and Relationship Therapy, Indiana University)

Sextipp #46:

Bei einer Testfahrt mit dem Auto zu einem abgelegenen Stück Natur fahren und dort in und auf dem Auto einige Stellungen ausprobieren.

Traurige Statistik

Frauen kommen schwerer und auch seltener zum Orgasmus als Männer.

So befriedigen Frauen sich, auch wenn sie in einer festen Partnerschaft leben, häufig selber. Denn viele Frauen beklagen, dass der Sex eher monoton ist und nach einem bestimmten Schema abläuft. Dies wirkt abturnend. Die Frau kann sich nicht komplett auf den Akt einlassen, da der Ablauf bereits bekannt ist. Es gibt also keine Überraschung mehr für sie, die sie entzücken oder auf eine neue Art erregt. Beide sollten also sich neue Vor- oder Sexspiele einfallen lassen oder sich einmal auf den anderen Sexpartner vollkommen einlassen, also ihm/ihr die Führung übergeben. Auf jeden Fall eine Änderung vornehmen.

Sei es Spontansex, Spielzeug oder Ähnliches.

Sextipp #47:

Nie richtig würgen, sondern nur Andeutungen machen. Der Frauenhals ist sehr empfindlich und sollte sanft behandelt werden.

Zerreißprobe

Jede Frau will die Klamotten vom Leib gerissen, auf Bett geschmissen und dort nach den größten Tönen der Leidenschaft genommen werden.

Allerdings haben die meisten Frauen eher scheu davor, da sie um ihre Kleidung fürchten.

Um ihr dennoch ein derartiges Erlebnis zu bescheren, kann ihr der Partner vorab eine günstigere Strumpfhose schenken, welche sie beim nächsten gemeinsamen Date tragen soll.

Später, wenn beide daheim sind, kann er die Strumpfhose getrost zerreißen (gegebenenfalls noch mithilfe einer Schere langsam aufschneiden, was die Spannung steigert).

Sie wird es genießen.

(Genauso kann er ihr auch eine billige Perlenkette schenken und diese anschließend vor dem Akt zerreißen. Beide Taten des Zerreißens verdeutlichen die Macht des Mannes und wirken erregend).

PS. Der Mann sollte der Frau allerdings ein richtiges Geschenk vorab bereiten, da sie sich sonst bei dem Zerreißen zu große Sorgen um den Gegenstand macht und keine Lust mehr auf Sex hat.

Sextipp #48

Vibratoren und Dildos sind keine Gegenstände nur zum Reinstecken. Mit ihnen kann man auch streicheln, stubsen, massieren. Erst am ganzen Körper und anschließend an der Vagina der Frau. Wenn sie feucht genug ist, kann das Sextoy eingeführt werden.

Keine Zerreißprobe

Anstatt der Partnerin die Klamotten vom Leibe zu reißen oder die Seidenstrumpfhose zu zerstören, kann der Mann sie auch langsam ausziehen.

Hierzu sollte sie vorab derartig erregt werden, dass sie das Ausgezogen werden kaum erwarten kann. Nichtsdestotrotz sollte er sich sodann nicht beirren lassen und das Ausziehen der hinderlichen Kleidungsstücke in einem langsamen, erotischen Tempo, weiterhin durchführen. Auch wichtig ist, dass die Kleidung dabei nur so weit entfernt wird, bis sie die Geschlechtsorgane nicht mehr bedeckt (Dies bedeutet: die Hose nur zur Hälfte herunterziehen oder die Strumpfhose ausziehen. Den Rock und Slip anlassen!).

Sextipp #49:

Bei Schlägen sollte die Stelle vorab leicht angewärmt werden – sei es durch Reibung oder sanfte Hiebe. Anfänger sollten bei den ersten Versuchen eine breit gefächerte Gerte nehmen.

Das Problem mit dem O

Für viele ist es schwierig einen Orgasmus zu bekommen. Das ist nicht nur ein Problem von Frauen, auch von Männern. Allerdings ist es bei Frauen weiter verbreitet. Dies liegt unter anderem daran, dass für Frauen mehrere Faktoren wichtig für guten Sex und somit für einen Orgasmus sind. Neben der richtigen Atmosphäre muss auch der Partner die richtigen Griffe vornehmen.

Das Problem ist, viele Frauen geben - vor allem vor ihrem Sexualpartner -nicht zu, dass sie keinen Orgasmus bekommen haben. Sie täuschen ihn lieber vor. Allerdings ist dies der komplett falsche Weg, denn so kann sich an der Situation auch nichts ändern.

Ein wichtiger Punkt ist, nicht zu schnell mit dem Vorspiel aufzuhören. Meistens denken beide, dass sie erregt genug sind. Bei dem Mann kann es sicherlich so sein, bei vielen Frauen ist es eher nicht der Fall. Sie brauchen teilweise über 20 Minuten, bis sie sich der Situation hingegeben haben. Daher sollte der Mann sich beim Vorspiel Zeit nehmen und ruhig bleiben. Auch wenn er noch so scharf ist. Es gibt auch andere Situationen, in denen er schneller dazu kommt. Also warum nicht auch einfach mal einen etwas langsameren und längeren Akt starten? Außerdem kann es teilweise schon während des intensiven Vorspiels dazu kommen, dass du Frau einen Höhepunkt erreicht. Umso leichter ist es, während des Geschlechtsverkehrs einen weiteren zu erreichen.

Ein weiterer Punkt, weshalb eine Frau nicht zum Orgasmus kommen kann, ist geistige Ablenkung. Es kann sein, dass sie sich plötzlich über ihren wackelnden Po Gedanken macht oder sinniert, was der Mann mit einem bestimmten Satz sagen wollte.

Schon ist sie abgelenkt. Die nicht sexuellen Impulse im Gehirn verbreiten und vermehren sich und vermindern somit die Freude und Lust am Sex.

Sobald der Mann merkt, dass seine Partnerin etwas abgelenkt ist, sollte er sie wieder in den Akt integrieren, indem er ihr zum Beispiel sagt, wie anturnend er eine gewisse Körperstelle von ihr findet, oder ihr Stöhnen. Mit einem puren Stellungswechsel ist das Kopfkino in dem Frauenkopf nicht unterbrochen.

Zusätzlich kann er sie bitten zu beschreiben, wie sich gewisse Dinge für sie anfühlen (sein Penis in ihr, seine Küsse, seine Berührungen).

In einigen Situationen sollte die "Wichtigkeit" des G-Punktes außer Acht gelassen werden, da es noch mehrere Stellen gibt, die eine derart große Wirkung haben. Also nicht krampfhaft versuchen diesen G-Punkt zu finden und zu stimulieren, denn ab und zu kann dies für eine Frau schmerzhaft sein (und werden) und somit ihrer Stimmung noch mehr entgegenwirken.

Ebenso wie das Rumgestochere und die verzweifelte Suche nach dem G-Punkt, verringert auch ein ständiger Stellungswechsel die Stimmung der Frau.

Sex sollte Spaß machen, entspannen und kein sportliches Event mit möglichst vielen Stellungswechseln oder filmreifen Höhepunkten sein.

Auch, wenn der Sex sehr gut war und sie gerne kommen wollte, aber nicht konnte, hat dies nicht nur mit der Atmosphäre oder mit den sexuellen Fähigkeiten des Partners zu tun. Manche

Frauen kommen selbst bei Masturbation nicht zum Höhepunkt. Sei es, dass sie ihren Körper nicht akzeptieren oder nie wirklich gelernt haben, wie Selbstbefriedigung funktioniert. Wo fasse ich mich an? Darf ich mich anfassen? Ist das nicht peinlich?

Der Mann sollte in diesem Fall einfach versuchen mit der Frau herauszufinden, was sie gut findet und Vertrauen aufbauen, damit sie sich fallen und gehen lassen kann.

Sextipp #50:

Nervosität ist der Abturner schlechthin. Also: selbstbewusstes und sicheres Anfassen, zärtlich und dennoch bestimmt und bestimmend.

Nachspiel

Die Situation nach dem (ersten) Sex. Was soll man sagen? Soll man überhaupt sprechen? "Wie war ich" ist, so weiß - fast - jeder, eine der schlimmsten Fragen, die danach gestellt werden können. Allerdings ist das Schweigen danach nur für einige Minuten schön. Anschließend wandelt es sich in peinliches Schweigen um.

Komplimente kommen bei Frauen immer gut an. Daher sollte er ihr nach dem Sex erst Recht welche machen. So fühlt sie sich gleich wohler. Ein Beispiel: "Das war unglaublich". Denn Frauen haben meist das Gefühl, dass ihre Leistung nicht gut genug war und haben Angst, dass sie nicht qualifiziert im Bett sind (gerne vergleichen sie sich mit den Frauen in den Pornos. Aber das sind Pornos mit Profis, die den Zuschauer stimulieren sollen).

Je mehr positives Feedback eine Frau nach dem Sex erhält, desto offener ist sie sexuell und begeisterter wird sie in Zukunft im Bett sein.

Wichtig ist auch, ihr zu bestätigen, wie gut und sexy sie aussieht. Besonders nach dem Sex, wenn beide durchgeschwitzt, ihre Haare zerwühlt und ihre Schminke verwischt sind. Auch ist sie nackt, also "ungeschützt" den Blicken des Mannes "ausgeliefert" und fühlt sich daher sehr unsicher.

Eine einfache Frage, die das Eis bricht, und die SIE sicherlich überraschen wird, ist, wenn der Mann sie fragt, wie es ihr geht und ob alles okay ist. Diese Frage brennt vielen Frauen unter den Nägeln, stellen sie jedoch nicht. Also sollte er einfach den Spieß umdrehen.

Wenn die sexuelle Beziehung und das Miteinander schon vorher sehr gut gestimmt haben und beide Spaß verstehen, kann er auch fragen, wie ihr Name war. (Nur, wenn beide sich schon länger kennen, sonst kann dies böse enden.) Durch dumme Witze nach dem Sex, kann die Verspieltheit beider hervorgebracht werden. Denn auch zu gutem Sex gehört Humor und die Lust am Leben.

Sextipp #51:

Bodyfarbe. Gibt es im Drogeriemarkt (in der Kinderabteilung). Sich gegenseitig damit bemalen und auf einem ausgebreiteten Laken damit rumspielen und experimentieren. (Und so ein eigenes Kunstwerk erschaffen – spätestens beim Sex wird aus der Kunst ein Kunstakt).

Wenn die Sternlein am Himmel stehen...

..schlafen die Menschen und das Träumen beginnt.

Dabei haben nicht nur Männer Sexträume. Auch viele Frauen träumen regelmäßig feucht, bei denen sie sogar einen echten Orgasmus bekommen (schließlich können Orgasmen auch durch Stimulation des Gehirns ausgelöst werden). Zwar muss dies nicht heißen, dass sie die Träume gerne in die Realität übertragen möchte, schließlich ist es eine Phantasie! Jedoch können diese auch sehr anregend wirken.

Meistens träumen Frauen von Sex ohne ihren Partner. Dies heißt nicht, dass sie ihn im Traum betrügt oder dass sie ihn nicht attraktiv findet. Es ist ihr Gehirn, was diese Situation erstellt und hat nichts mit ihrer Treue zu tun.

Viele Sexträume handeln von Gewalt und Leidenschaft und somit alles andere als Blümchensex. Dabei sehen sich die Frauen selber als unschuldiges Mädchen, welches an einem dunklen, gruseligen Ort von einem aggressiven, bösen Mann zum Sex gezwungen wird. Es ist also eine Vergewaltigung, da es sich um eine gefährliche Situation handelt. Allerdings möchte KEINE FRAU VERGEWALTIGT werden! Auch wenn sie es träumt! Sie wird auch sicherlich nicht ganz glücklich aus dem Traum aufwachen (daher bitte keine sexuellen Spielchen). Aber dies wird Mann je nach Situation leicht erkennen können.

Diese Vergewaltigungsszenen müssen allerdings nicht nur mit Fremden stattfinden. Es kann auch sein, dass der Böse eine ihr vertraute Person ist.

Sehen und gesehen werden sind allerdings zwei Dinge, die aus der Traumwelt auch in die Realität umgesetzt werden können. Sie ist hier sein alleiniges Lustobjekt (dies Gefühl turnt Frauen allerdings auch in der Realität an). So erregt sie es, wenn sie ihn allein durch ihre Nacktheit dermaßen geil macht, dass er sich kaum zurückhalten kann. Ebenso umgekehrt. Wenn er sie durch seine Nacktheit erregt, dass sie am Liebsten „auf ihn springen" möchte. Diese Fantasien können leicht in die Realität umgesetzt werden.

Zum Thema Lustobjekt ist hinzuzufügen, dass sie ebenfalls ab und zu Machtspiele in Frauenträume eingebaut sind. Wobei sie entweder devot oder dominant ist. Dies ist zu Person und Traum verschieden.

Ein Klassiker unter den Träumen ist Sex mit mehreren Personen. Ein Mann, zwei Frauen oder Zwei Frauen, ein Mann oder beliebig viele und unterschiedliche Sexpartner. Diese Fantasie kann ebenfalls leicht in die Realität übertragen werden.

PS: Sollte die Partnerin einen Orgasmus durch einen Traum erleben und dadurch geweckt werden, stimuliert der Mann sie weiter und kann ihren Zustand ruhig ausnutzen und auskosten.

Sextipp #52:

Sich das Kamasutra (oder Tantra) vornehmen und jeden Tag eine andere Stellung ausprobieren. Allerdings nur EINE! So steigt die Vorfreude aufs nächste Mal. Die aktuelle Stellung kann allerdings gerne mit Accessoires getoppt werden.

Ein scheues Reh

Nicht nur das erste Kuss, das erste Date und natürlich das erste Besuch in seiner Wohnung. Alle diese ersten Male sind besonders und, vor allem für schüchterne Frauen, besonders anstrengend. Sobald die ersten oben genannten ersten Male mit Bravour absolviert sind, geht es an das Erste Mal in seiner Wohnung. Sie ist ein unbekannter Ort und kann furchteinflößende Gefühle bei sehr schüchternen Frauen, auf Grund vieler neuer Eindrücke, auslösen. Auf dieses erste Mal in seinen vier Wänden, kann das erste Mal Sex in seinem Bett folgen. Wichtig ist hierbei, eine gemütliche und sichere Atmosphäre zu erschaffen. Wie schafft man dies?

Gedämpftes Licht nimmt schon vorab die Scheu vor den fremden Wänden. Es sind nicht mehr alle Einrichtungsgegenstände, Dekorationen etc. sichtbar. So können diese auch nicht ablenken. Wenn die Frau zudem schüchtern ist, fühlt sie sich beim Ausziehen umso wohler, je dunkler der Raum ist.

Beim Ausziehen kann der Mann als echter Gentleman sie natürlich unterstützen und sic langsam, sinnlich und mit zärtlichen Berührungen untermalt ausziehen. Allerdings immer darauf bedacht, dass SIE das Tempo dabei vorgibt und er sich nebenbei auch noch ausziehen soll (sonst denkt sie vielleicht sie ist das Lustobjekt. Außerdem soll sie ja auch was von dem Männerkörper haben).

Wenn die Frau dann in ihrer vollen Pracht vor dem Mann steht, gilt: nicht glotzen! Auch wenn das Licht gedämpft ist und man wenig erkennt, glotzen sieht eine Frau immer bzw. sie bekommt es meistens immer mit.

Unter Streicheln und weiteren zärtlichen Berührungen ziehen sich der Mann und die Frau erst einmal unter die Bettdecke zurück, um dort den Körper des anderen gegenseitig und gemeinsam zu erkunden. Das schafft Vertrauen, nimmt die Unsicherheit und man lernt den Körper des anderen zugleich besser kennen. Zudem ist es ein gutes Vorspiel. Wichtig ist auch hierbei, dass der Mann der Frau ab und zu tief in die Augen schaut, um ihr zu zeigen, dass sie nicht nur eine Nummer ist.

Der Rest ist bekannt.

Und zum Schluss: Immer Komplimente machen, um das Selbstbewusstsein der Partnerin zu steigern und ihr Lust auf mehr zu machen.

Sextipp #53

Frauen lieben ihre Pos und Männer, die diesen zu schätzen wissen. Eine Potour, angefangen bei den Kniekehlen, über die Innenseiten der Oberschenkel usw. kann auch noch andere Türen öffnen…

Er kann noch so heiß sein..

.. trotz allem gibt es Dinge, die jede Frau abturnen.

Von jeder zweiten Frau wird als allergrößte Lustbreme wird der Mundgeruch empfunden.

Und auch, wenn es unter Kumpels kein Problem ist und einige Männer vielleicht auch stolz darauf sind, dass ihre Partnerinnen das tolerieren oder sogar mitmachen: Fürze und Blähungen empfinden die Frauen ebenfalls abturnend. (zumal echte Gentlemen dieses auch nicht vor ihrer Traumfrau tun würden. Es sei denn, es geht gerade gar nicht anders).

Übergewicht, starkes Schwitzen und lautes Schnarchen liegen ebenso wie starke Körperbehaarung in den unteren Bereichen der Lustbremsen (ca. fünf Prozent jeweils).

Und, vorzeitige Ejakulation ist nur für drei Prozent der befragten Frauen ein Lustkiller.

(Quelle: Viagra Partner-Studie 2011)

Sextipp #54

Eine Pomassage ist mal ein anderer Anturner. Am besten liegt die Dame dabei bauchlinks auf dem Bett; er setzt sich auf ihre Oberschenkel und träufelt etwas angewärmtes Massageöl auf die hinteren Rundungen der Frau träufeln. Die warmen Handflächen nun auf den Po der Frau legen und diese festhalten.

Die Finger zeigen Richtung Haarschopf der Dame. Die Massage beginnt durch leichte Druckverteilung der der Wechsel dieser auf verschiedene Punkte. Erst mit den Fingerspitzen, dann die Handflächen und zurück zu den Fingerspitzen. Die Übergänge der Bewegungen sollten gleichmäßig und fließend sein. (Daumen nicht vergesse zu bewegen. Diese massieren sehr nah an der Poinnenseite).

Anschließend sollte die Wellenbewegung in kreisende Bewegungen übergehen. Der Daumen kann dabei immer etwas leichter in die Poritze gleiten. Er sollte allerdings dabei auch auf ihre Körpersprache achten, damit sie sich bei zu viel Tiefgang nicht unwohl fühlt.

Größe und Können

Nur für jede sechste Frau ist die Penisgröße des Mannes wirklich wichtig. Für mehr als die Hälfte ist dieser Fakt sogar unwichtig. Es kommt nämlich eher darauf an, wie ein Mann damit umgehen kann. Denn jede dritte Frau ziehen schlechten Sex vor Abstinenz vor. Schließlich wollen Frauen Spaß im Bett haben, und zudem auch, dass ihr Partner auf seine Kosten kommt. Ein (freundliches nicht daher geholtes Standard-) Feedback*) ist also manchmal gar nicht so schlecht und kann auch den Effekt von weiteren Schäferstündchen haben.

*) besonders beim Oral- und Analverkehr ist ein positives Feedback für Frauen besonders wichtig, da sie hierbei sehr unsicher sind.

Sextipp #55

Sollte die Dame Komplexe mit ihrem Hinterteil haben, können ihr diese durch zärtliche Küsse auf die Pobacken eher genommen werden. Zudem turnt dies zusätzlich an und öffnet ggf. sogar neue Möglichkeiten und Wege, da der Frau so auch Hemmungen genommen werden.

Extra Tipp: Die Zunge kann zusätzlich eingesetzt werden. Und wenn er die Backen zum Anbeißen findet, kann er ihr dies auch (sanft) zeigen.

Ist das ein Tacker in Ihrer Hosentasche?..
Oder freuen Sie sich, mich zu sehen?

Die meiste Zeit verbringt man im Büro bzw. auf der Arbeit. Was liegt da also näher, wenn sich nicht nur das Berufliche dort abspielt, sondern auch andere außerberuflichen Aktivitäten. Meist geschieht dies unbewusst, schleichend und vollkommen ohne Absicht. Und, es kann jeden treffen. Egal ob Chef, Sachbearbeiter, Praktikant oder Azubi. Und wenn es dann passiert ist? Gelten gewisse Verhaltensregeln.

Wichtig ist, es langsam anzugehen. Erlaubt sind neben private Gespräche in der Teeküche, Hilfe beim Job, Lächeln und gemeinsame Mittagspause. Komplimente sollten hingegen eher von professioneller Art sein („Ihr Vortrag war sehr kompetent. Das hat mich beeindruckt."); und sexuelle Anspielungen, Körperkontakt oder zweideutige E-Mails oder SMS sollte tunlichst vermieden werden, da diese im Zweifelsfall immer gegen einen selber verwendet werden können. (Falls es mal hart auf hart kommt).

Der „Aufreißerort Nummer 1" ist die Betriebs- oder Weihnachtsfeier. Laut einer Studie geht die Hälfte der Belegschaft gerade deswegen zu derartigen Veranstaltungen. (Studie der German Consulting Group).

Wichtig ist hierbei, sich nicht erwischen zu lassen. Denn Gerüchte können einen das Arbeitsleben, aber auch das Privatleben, sehr erschweren. Im schlimmsten Fall kann dies zu Mobbing oder Kündigung führen. Es ist daher Vorsicht geboten.

Bestimmte Dinge sollten daher nur hinter geschlossenen Türen geschehen. Erst Recht auf der Weihnachtsfeier.

Und wenn es am nächsten Tag gar nicht mehr geht, gilt eine Ausrede, die sonst eher ein No-Go ist: Alles auf den Alkohol schieben.

Und wenn es mal mehr wird als nur die Weihnachtsfeier? Wichtig ist, Beruf und Privatleben strickt zu trennen. Das gilt sowohl für Streitigkeiten als auch für Liebkosungen etc.

Aber das ist eh bekannt.

Sextipp #56

Schläge auf den Po vor und während des Aktes. Sie turnen nicht nur durch den Schlag an, auch das klatschende Geräusch auf nackter Haut ist ein zusätzlicher Erreger – auch für Frauen.

Frauentypen

Nun sind die Wünsche der Frauen in puncto Aussehen von Männern geklärt. Aber die inneren Werte sind natürlich noch wichtiger.

Doch was wollen Frauen?
Welche Eigenschaften kommen bei ihnen am besten an?

Wichtig ist für das weibliche Geschlecht, zum Lachen gebracht zu werden. Humor ist das A und O und öffnet Türen und die Bereitschaft zur Herausgabe der Telefonnummer. Natürlich schlummert in jeder Frau eine kleine Prinzessin, die auf ihren Prinzen wartet (ja, ist nun mal wirklich so. Schließlich wachsen Frauen zwischen Märchen und Puppenhäusern auf). Daher stehen ein Drittel der Frauen auf Romantiker, und nur jede sechste auf den Aufreißer (jede Frau will auch aufgerissen und begehrt werden von einem Macho-Aufreißer-Womanizer). Das krasse Gegenteil, der Bodenständige, ist allerdings ebenso begehrt wie der Aufreißer. Wichtig ist für Frauen, dass der Mann sich stets selber treu und immer ehrlich zu Frau sein sollte.

Sextipp #57

Zum Analsex kann man sich unter der Dusche leichter herantasten.

Viele Frauen halten Analsex für dreckig. Unter der Dusche können sich beide spielerisch mit ganz viel Seife an diesen Akt herantasten.

Streicheln, Küssen und Massieren der zwei Backen und der Spalte sollten dabei nicht vergessen werden. Wenn sie soweit ist, kann all dies auch mit ihrem Anus gemacht werden – dabei sollte Gleitgel bereitgehalten werden. Denn wenn sie sehr viel Spaß daran hat, kann er sich mit seinem Finger tiefer vortasten und „eindringlicher" massieren.

Die Klitoris

Die weiblichen Sexualorgane wurden hier bisher zu wenig bzw. unergiebig behandelt. Zwar gibt es Posts über den Umgang oder kleine Beschreibungen und Erklärungen, das Thema muss aber vermehrt behandelt werden, da diese Stelle beim Sex sehr wichtig ist.

Zumeist ist der erste Gedanke beim weiblichen Sexualorgan die Klitoris. Dieses bedeutende Amt ist durchaus gerechtfertigt, ist sie doch von ihrer Geltung her mit dem Penis des Mannes zu vergleichen. Heutzutage wird davon ausgegangen, dass dreiviertel der weiblichen Orgasmen durch die Reizung der Klitoris ausgelöst werden. Denn allein das reine Stoßen des Mannes in ihre Vagina kann einen Höhepunkt bei ihr hervorzaubern. Wenn eine Frau allein durch diese Taktik zum Höhepunkt gelangt, was leider vielen Frauen verwehrt bleibt, liegt das daran, dass sich die Klitoris zu tief im Inneren des weiblichen Körpers befindet und beim Geschlechtsverkehr automatisch von innen stimuliert wird.

Insgesamt ist das klitorale Gewebe etwa so groß wie das erste Gelenk des männlichen Daumens; also relativ groß. Von außen sichtbar ist sozusagen nur die Spitze des Eisberges.

Leider wissen viele Männer nicht, wo die Klitoris einer Frau liegt, was zugleich auch abturnend für die Frau wirkt. Vor allem wenn der Mann aus seiner pubertären Phase ist, sollte er sich schon etwas mit dem weiblichen Körper auskennen. Zwar ist jede Frau anders gebaut, das stimmt. Dennoch sind die Grundzüge relativ gleich. Der einfachste Weg zu der Klitoris einer Frau ist es, diese sich von ihr zeigen zu lassen, spielerisch natürlich. Zumeist liegt die Klitoris an einer Stelle, die leicht oberhalb der Öffnung zu der Vagina, an der Spitze der inneren Schamlippen, ist. Auch Größe und Form der Klitoris sind von Frau zu Frau verschieden.

Diese Klitoris ist der Lustpunkt vieler Frauen und ebenso machtvoll wie der Penis des Mannes. Naheliegend ist dieser Vergleich, weil auch die Klitoris bei Erregung anschwillt und sich aufstellt. Allerdings verfügt sie über 8.000 Nervenenden – über doppelt so viele wie der Penis – und ist damit das einzige Organ, das ausschließlich der Lust dient. Deshalb ist sie kurz vor dem Orgasmus in der Regel so überempfindlich, dass sie sich wieder unter ihr schützendes Häubchen zurückzieht, das man durchaus mit der männlichen Vorhaut vergleichen kann. Und so wie der Penis versteift sich auch die Klitoris etwa alle anderthalb Stunden im Schlaf. Auch wegen der extremen Empfindlichkeit der Klitoris ist es vielen Frauen lieber, wenn dieses Organ nur indirekt beim Eindringen des Penis in die Vagina stimuliert wird. Viele Frauen empfinden das direkte Reiben ihrer Klitoris als derart intensiv, dass es für sie fast schmerzhaft wird: Besser ist es, mit kreisenden Bewegungen nur sanft die Kuppe oder die Seiten des Lustknöpfchens zu umspielen. Der Mann stimuliert die Klitoris der Frau von Anfang an eher sanft. Sobald diese Berührungen intensiviert werden können, wird die Frau dem Mann dies sicherlich deutlich machen.

Ein weiterer Fakt ist, dass viele Frauen länger bis ihrem Höhepunkt brauchen, als Männer. Eine Studie verdeutlichte, dass 40 Prozent der Frauen schneller zum Höhepunkt erlangten, wenn ihre Klitoris etwa eine bis zu zehn Minuten lang stimuliert wird. Wird diese Zeitspanne auf 20 Minuten erhöht, verdoppelt sich auch die Zahl der Frauen, welche einen Orgasmus erreichten. Dies zeigt, wie zeitintensiv ein weiblicher Orgasmus sein kann. Aber auch dies ist von Frau zu Frau verschieden, da einige zum Beispiel über mehr Nervenenden an den inneren Schamlippen als an der Klitoris verfügen. Bei einigen konzentrieren sich die Nervenenden auf einen bestimmten Punkt, bei anderen sind sie eher großflächig verteilt. Selbst wenn ein Mann also schon mit einigen Frauen Erfahrung gesammelt hat, muss er bei einer neuen Partnerin auch von neuem herausfinden, was sie erregt.

Sextipp #58

Analspray weitet den Anus für Analsex. Auch spezielles Analgleitgel (dies ist meist flüssiger) sollte für mehr Spaß von hinten genutzt werden.

Die Brust

Das nächste wichtige Sexualorgan, welches einem bei weiblicher Lust in den Sinn kommt, sind die Brüste einer Frau.

Diese üben zudem auf viele Männer einen besonders starken Reiz aus. Aber leider ist nicht jeder Mann im Umgang mit ihnen so geschickt, wie es diesem Körperteil gebührt. Denn der Umgang mit diesen doch recht empfindlichen Stellen ist meist auch entscheidend für die Lust einer Frau. Natürlich macht hier - wie überall - in erster Linie vor allem praktisches Üben den Meister. Aber einige Grundlagenkenntnisse können hilfreich sein.

Ein No-Go ist unter anderem der Nippeldreher, auch wenn das Zentrum der Stimulation die Brustwarzen sind. Sie sind sehr empfindlich. Unter den Nippeln befindet sich ein Netzwerk glatter Muskeln und Nervenenden. Somit reagieren sie auf Kälte ebenso wie auf Berührungen: Die Warzen füllen sich dann mit Blut und werden steif und hart. In diesem Zustand reagieren sie noch etwas sensibler auf die verschiedenen Reize. Der Hauptfehler, den hier viele Männer machen, besteht darin, von Anfang an zu grob zuzupacken. Bevor ihre Partnerin so recht in Stimmung ist, beginnen sie, deren Brüste zu kneten oder an den Nippeln zu drehen, als ob sie es mit dem Knopf eines Radioapparates zu tun hätten (die Brüste sind kein Radio, das justiert werden muss. Zudem war dies in der Jugend sicherlich amüsant, aber mittlerweile ist es nur noch infantil und nicht erotisch -, und erst Recht ist der Busen kein Keksteig). Wilder Umgang mit der weiblichen Brust ist Geschmackssache einiger weniger Frauen. Viele Frauen haben eine verhältnismäßig niedrige Schmerzschwelle und sind entsprechend schnell abgeturnt, wenn man mit ihren Brüsten nicht zärtlich umgeht. Und wenn festeres Zupacken von der Frau gewünscht und gewollt ist, sollte dies erst ab einem gewissen Erregungsgrad geschehen. Wichtig ist zudem, dass die Empfindlichkeit der weiblichen Brust zudem auch von dem Zyklusstatus der Frau abhängt. Wenn sie gerade ihre Tage hat, kommt es vor, dass eine Frau, die normalerweise auch an heftigeren Brustspielen nichts auszusetzen hat, plötzlich ihre Brüste nicht einmal berührt haben möchte. Es ist also – wie bei allem – wichtig, auf die Signale der Frau zu achten. Diese sind nicht nur ihre Körpersprache, sondern auch ihre Mimik, ihre Worte oder Töne (Seufzer, Stöhner: aus Lust oder Schmerz?)

Beginnen sollte der Mann mit einem ganz sanften und behutsamen Kontakt mit den Brüsten. Zärtliches Streicheln mit der Hand und / oder Fingerspitzen ist hierbei von Frauen besonders beliebt. Zu Anfang kümmert er sich um den äußeren Bereich der Brüste und geht langsam zu den sensibleren Warzen über. Die Intensität kann im Verlauf des Vorspieles natürlich gesteigert werden. Ist die Frau sehr erregt, mag sie oftmals auch ein zwicken oder sanftes knabbern an ihren Brustwarzen. Ein starkes Ziehen sollte allerdings vermieden werden!

Zudem sollte der Mann sich nicht zu sehr auf die Nippel konzentrieren, sondern auch dem Rest des Busens Beachtung schenken. Dabei müssen nicht nur die Hände eingesetzt werden. Zusätzlich kann auch der Mund oder der Penis genutzt werden. Aber hier gelten dieselben Regeln: Sanft beginnen. Zum Beispiel mit heißen Atem auf die Brustwarzen hauchen, mit der Zunge die Nippel umkreisen oder sanft mit den Lippen daran saugen. Das lässt mehr Blut hineinströmen und macht sie noch sensibler.

Da die Brustwarzen auch durch Kälte steif werden, sind Spiele mit Eiswürfeln sehr reizvoll. Damit die empfindlichen Stellen nicht geschädigt werden, sollten die Spiele in einem gesunden Maße ausfallen. Im schlimmsten Fall kann eine Vereisung zu Nerven- und Gewebeschäden führen. Ebenso tun es auch heiße Kerzen (Wachs) oder Teebeutel als Stimulationswerkzeug. Aber Vorsicht: Die Wirkung muss vorab am eigenen Körper und anschließend an Hitze weniger empfindlichen Stellen ausprobiert werden. Je weiter weg die tropfende Kerze von dem Körper gehalten wird, desto niedriger ist die Temperatur der auftreffenden Wachstropfen. Ab einem gewissen Abstand ist nur noch ein heißes Prickeln zu spüren. Und während Bienenwachs sehr heiß werden und zu äußerst unangenehmen Brandblasen führen kann, speichert Paraffinwachs weniger Wärme. Dadurch ist die Verbrennungsgefahr bei der Verwendung viel geringer. Sex-Shops bieten die verschiedensten Spielzeuge an; die Palette reicht von Brustwarzenklemmen bis zu Saugnäpfen, welche die Brustwarzen sensibler werden lassen.

Sextipp #59

Während des Analsexes sollte die Klitoris weiterhin stimuliert werden. Dies entspannt die Frau und somit den Anus und ermöglicht ihr eher sogar einen analen Orgasmus.

Die Vagina

Neben der Klitoris gehören die großen und kleinen Schamlippen zu den weiblichen Sexualorganen. Diese bestehen aus Hautfalten und umfassen den Eingang zur Scheide. Wie die Klitoris, sind auch sie voller Nervenenden, die beispielsweise durch Reibung, Küsse und Lecken stimuliert werden können. Und auch, wie die Klitoris, füllen sie sich bei sexueller Erregung mit Blut und schwellen hierdurch an.

Die Vagina, oder auch Scheide, besteht aus einem zehn bis fünfzehn Zentimeter langen Muskelschlauch, dessen Seiten normalerweise eng aneinander liegen, der sich aber weitet, sobald die betreffende Frau erregt ist. Das vordere Drittel dieser Röhre enthält fast 90 Prozent der Nervenenden, was bedeutet, dass sexuelle Reize vor allem dort gespürt werden. Der innere Scheidenkanal reagiert vor allem auf härtere Reize – beispielsweise kräftiges Hineinstoßen. Die Scheidenflora stellt ein ausgesprochen fein ausbalanciertes Biotop dar, das vor allem durch Zucker, aber auch durch zuckerfreie Lebensmittel empfindlich gestört wird. Wenn bei Sexspielen also Nutella, Schlagsahne und dergleichen eingebaut werden, dann sollte dies nur außerhalb der Vagina erfolgen. Das gilt auch für andere Speisen, da immer das Risiko besteht, dass Reste davon in der Scheide zurückbleiben. Das kann zu schmerzhaften Infektionen führen. Wenn eine Frau sexuell erregt wird, wird ihre Scheide in der Regel feucht. Dabei zeigt das Ausmaß dieser Feuchtigkeit aber keineswegs immer den Grad der weiblichen Erregung an. Viele andere Faktoren spielen hier hinein, beispielsweise Hormone, die aktuelle Phase im Monatszyklus oder eine gerade gemachte Diät. Eine Frau muss also nicht vollkommen erregt sein, nur weil ihr Höschen ganz durchnässt und umgekehrt.

Oberhalb der Vagina befindet sich der Schamhügel, oder auch Venushügel. Von Natur aus ist er meist mit einem Büschel von Schamhaaren bedeckt. Allerdings ist er heutzutage auf Grund von Trends und Hygienemaßnahmen eher rasiert oder gestutzt. Der Schamhügel ist ein idealer Ruheplatz für den männlichen Handballen, wenn Sie die Geschlechtsorgane Ihrer Süßen mit den Fingern verwöhnen. Manche Frauen befriedigen sich aber auch selbst, indem sie ihren Venushügel mit kreisenden Berührungen massieren oder leicht mit den Fingerspitzen darauf trommeln. Dies kann selbstverständlich auch vom Mann durchgeführt werden.

Jede zweite Frau kommt mit einem „normalen" Jungfernhäutchen zur Welt, das nach Druck (Geschlechtsverkehr) zerreißt und dabei nur ganz leicht blutet. Die Hälfte aller Frauen verfügen über ein hochflexibles Jungfernhäutchen, das sich einem Penis anpassen kann, ohne gleich zu zerreißen. Und elf Prozent besitzen ein so dünnes Jungfernhäutchen, dass es vermutlich schon vor dem ersten Sex beim Radfahren, Reiten oder anderen sportlichen Betätigungen zerrissen ist.

Sextipp #60: Oft und Öfter

Viele Frauen wünschen sich täglich Sex, oder zumindest fünfmal pro Woche.

Ein ernstes Wörtchen

Auch wenn es sich nicht so intensiv und erregend anfühlt wie ohne, sind sie nun mal ein sehr sicheres Verhütungsmittel und schützen nicht nur vor überraschenden Nachrichten nach neun Monaten: Kondome. Auch gefährliche Geschlechtskrankheiten wie HIV, Tripper (Gonorrhoe) oder Chlamydien haben durch die kleinen Überzieher keine Chance. Diese Krankheiten können nicht nur nerven, weil sie Juckreiz und Schmerzen verursachen und die Behandlung langwierig und Nerv aufreibend ist, sie können auch unfruchtbar machen! Leider gibt es auch Geschlechtskrankheiten, vor denen auch das Kondom nur zu 50 Prozent schützen kann. Hierzu zählen u. a. Syphilis, Genitalherpes/–warzen. Diese Krankheiten werden durch Hautkontakt übertragen und können Stellen betreffen, die nicht durch ein Kondom abgedeckt sind.

Also lieber vorsichtig sein und ab und zu mal kontrollieren lassen, bevor man den Partner damit ansteckt oder sich selber langfristig schadet.

Sextipp #61

Kühlendes Gleitgel auf die erregten Nippel der Frau auftragen und sanft drüber hinweg pusten.

Magische Finger

Hände können nicht nur auf dem Rücken durch Massage wahre Wunder und eine gewisse Stimulation bewirken. Auch in anderen Regionen derartig eingesetzt können sie Frauen entzücken.

Am besten wird mit einer allgemeinen Massage begonnen, sodass die Frau noch nichts „ahnt" sondern sich auf die Entspannung einstellen kann. Anschließend können die Finger eine kleine Reise über ihren Körper unternehmen. Allerdings etwas vorsichtig und nicht so weitläufig, sondern vortastend. Dabei sollte dies erst, falls die Dame noch angezogen ist, über der Kleidung stattfinden und nach zaghaftem Vortasten unter der Kleidung stattfinden. Um Festzustellen, ob es ihr ebenso gefällt, wie ihm, sollte auf die Köpersprache geachtet werden. Ein leichtes Lächeln oder ein tiefes, entspanntes Atmen sind hierbei die besten Anzeichen. Sicherlich kommt es auch gelegentlich zu einem leisen Stöhnen. Dies ist ein gutes Zeichen und bedeutet, dass intensiver derartig weiter „gearbeitet" werden kann. Dies bedeutet auch, dass er mit seinen Händen zu den Geschlechtsorganen vordringen kann und sollte.

Die Massage kann auch variieren. Nicht nur die Finger, auch die Handfläche kann eingesetzt werden. Mit Ölen kann ebenso experimentiert werden. Aufgewärmt oder kalt. Öl oder lieber Gleitgel. Zusätzliche Hilfsmittel, wie eine Feder oder Steine (Hot Stone Massage), Vibratoren, Liebeskugeln, Teebeutel usw., können eine weitere Stimulation hervorrufen. Aber auch die Art und Weise; was bedeutet, dass nicht nur Reibungen stimulieren. Sondern auch leichtes Klopfen oder Trommeln. Der Kreativität sind keine Grenzen gesetzt.

Nachdem der Mann bei der Partnerin heftige Reaktionen durch Massage dieser erogenen Zonen hervorgerufen hat, sollte er sein Tempo und seine Art beibehalten. Eine Zügelung des Tempos würde die Lustkurve der Frau ebenso unterbrechen wie eine Steigerung. Dabei sollte er allerdings immer daran denken, dass diese Zone sehr empfindlich ist und nicht zu grob und ruckartig damit umgehen.

Eine Steigerung kann der Mann nun bei der Frau hervorrufen, indem er sie bittet, sich selber an den Stellen zu massieren, er dabei aber die Hand auf ihre legt. Hierdurch findet er den richtigen Dreh heraus. Sollte die Damen dafür allerdings zu schüchtern sein, kann man ggf. das Licht ausschalten oder ihr eine Augenbinde umlegen, sodass sie sich nicht beobachtet fühlt.

Jede Frau ist anders gebaut und so auch ihre Vagina.

Sein Finger in ihrem Körper löst also bei jeder Frau unterschiedliche Reaktionen aus, da sie mal enger oder mal etwas weiter an dieser Stelle ist. Der Mann sollte sich daher langsam und Knöchel für Knöchel sowie Finger für Finger vortasten und auch stets auf ihre Körpersprache achten. Augenkontakt intensiviert meist zusätzlich die Empfindung.

Ist er nun bei ihrem Geschlechtsorgan angelangt, so kann er sie auf unterschiedliche Weise stimulieren. Er kann die Schamlippen von außen nach innen massieren oder den Mittelfinger zwischen den Schamlippen gleiten lassen, während er diesen sanft hin und her bewegt.

Wenn die Finger in der Vagina sind, so kann er die Wände sanft erforschen und ertasten und herausfinden, wo genau sich die erogenen Stellen hier befinden. Diese können dann auch umgehend und eingehend massiert werden.

Auch können die Finger der einen Hand ihre Vagina stimulieren und währenddessen die Finger der anderen Hand die Klitoris. Dies ist meist auch die effektivste Methode, eine Frau zum Orgasmus zu bringen. Anstatt die Klitoris zu massieren kann der Handballen der anderen Hand auf ihrem Venushügel liegen und dort einen sanften Druck mit leichten Drehungen ausüben.

Kleiner Tipp: Damit die Massage und allgemeint Berührungen für beide angenehm und erregend sind, sollten die Hände gepflegt sein. Also, keine rauen Stellen oder spitze Fingernägel bzw. mit kleinen Haken. Dies kann die Stimulation ungewollt und abrupt beenden. Auch sollten die Hände wohl temperiert sein. Keiner wird gerne von kalten Händen verwöhnt (bzw. nur in Ausnahmefällen). Und: allgemein gilt, auch vorm Sex, Hände waschen! Sonst gibt es ggf. unangenehme Folgen.

Sextipp #65

Den Strahl des Duschkopfes als Sextoy einsetzen. Nicht nur ihre Brüste und Klitoris dabei stimulieren. Vom Nacken angefangen auf der Wirbelsäule langsam Richtung Anus, welcher dann mit dem Strahl erregt werden kann.

(Bitte nicht mit dem Massagestrahl, da dieser einiges verletzen kann).

Die verzerrte 69

Oralsex ist normalerweise ein wichtiger Part beim Vorspiel. Aber warum nicht einmal den Appetizer zum Hauptgang machen?

Fakt ist, Oralsex ist wichtig, und besonders für sie. Denn die Wahrscheinlichkeit für ihren Orgasmus, ist bei Oralsex am Höchsten. Also sollte der Mann sich mit seiner Zungenfertigkeit auseinandersetzen, um ihr gewisse Vergnügen bereiten zu können. (Eine Anleitung gibt es bereits schon in diesem Blog, wird also hier nicht nochmal aufgeführt.) Aber meist ist die Art nicht die Schwierigkeit, sondern der Weg dorthin. Wie fängt man an? Gleich drauf stürzen? Ewig drum herum küssen? Will sie das jetzt überhaupt?

Ein wichtiger Tipp: Frauen fühlen sich allgemein etwas unwohler, wenn er sie oral befriedigt, als umgekehrt. Sie machen sich währenddessen meist über alles Mögliche Gedanken (Geruch, Geschmack, Dauer etc.) und konzentrieren sich selten auf den Akt an sich. Also sollte der Mann mit Selbstsicherheit an das Verwöhnprogramm gehen und dabei nicht großartig Fragen stellen oder Konversationen führen (höchstens um die Frau zu beruhigen „du riechst / schmeckst gut").

Ein sicherer Weg zu ihrer Schatztruhe sind noch immer Küsse und Berührungen, die darauf hindeuten, was der Partner als nächstes mit ihr vorhat.

Ist sein Kopf dann zwischen ihren Beinen, sollte er sich ausgiebig mit ihrer Vulva beschäftigen und sie wissen lassen, dass ihm ihr Körper unglaublich gut gefällt und erregt.

Die Länge und Dauer des oralen Spiels wird sie von alleine bestimmen. Sollte sie genug haben, wird sie seinen Kopf zu sich hochziehen. Vielleicht nur, um ihn zu küssen und ihren eigenen Geschmack zu schmecken, oder, weil sie so erregt ist, dass sie mehr will, oder aus Dankbarkeit/Freude. Lässt sie den Mann dann wieder locker, wenn er mit ihrer oralen Befriedigung weitermachen möchte, ist das ein riesen Kompliment für ihn. Denn das bedeutet, sie verliert ihre Hemmungen und genießt alles in vollen Zügen.

Im Hinterkopf sollte der Partner dabei behalten, dass wie beim Sex auch der Oralsex ein Vorspiel benötigt. Stürmisches Lecken und Stubbsen sind unangebracht und schnell abturnend. Küsse, leichtes Pusten und saugen können dagegen zusätzlich stimulieren.

Nun fehlt noch die richtige Position. Denn auf Dauer ist es für ihn sehr anstrengend, möglichst flach zwischen ihren Beinen zu liegen.
Die bekannteste ist 69. Es gibt aber noch andere Ideen.

Um die Arbeit zu erleichtern und ihr Entspannung zu bieten, kann er sich auf den Rücken legen und seine Beine anwinkeln. Sie legt sich auf seinen Bauch, stützt ihren Kopf auf seine angewinkelten Beine und spreizt die eigenen. Sein Kopf, den kann er zusätzlich durch ein Kissen stützen, ragt nun perfekt vor ihre Vagina.

Eine weitere Option ist, wenn sie steht und sich nach vorne beugt. Er kniet dann hinter ihr und hatte die richtige Höhe um mit seiner Zunge ihre Genitalien zu erreichen. Allerdings ist der Frau diese Position etwas unangenehm, da er mit seiner Nase in ihrem Anus stochert.

Sextipp #66

Dem Partner werden die Augen verbunden. Anschließend hält der andere ihm Köperteile vor die Nase, die der "Blinde" dann mit seiner Zunge ertasten und dadurch erkennen muss.

Standfestigkeit im Bett

Es gibt verschiedene Gründe weshalb Männer schnell kommen. Derartig sexuell stark erregt, untervögelt, Lust, Erwartung, Vorfreude etc.

Viele greifen für mehr und längeren Spaß im Bett gerne zu Viagra und anderen Pillen und technischen Hilfen. Diese sind allerdings nicht immer gleich gut, wirksam und haben mehr Nach- als Vorteile (zumindest auf einen längeren Zeitraum betrachtet).

Erwiesen ist zwar, dass die potenzfördernden Mittel helfen, allerdings haben sie auch zugleich einen kleinen Placebo-Effekt. Der Mann weiß, dass er die Pillen genommen hat und vertraut auf deren Wirkung. Die Versagensängste werden also etwas genommen. Das Nehmen der Versagungsängste kann man allerdings auch, in dem man lockerer und gleich vollkommen offen an die Sache geht. Wenn er zu schnell und zu früh gekommen ist, ist dies meist der Abturner für Frauen. Schließlich braucht es etwas, ehe sie in Fahrt gekommen ist und wurde nun halbfertig liegen gelassen – er hatte ja seinen Spaß. Daher ist es wichtig, falls man noch etwas mehr und öfter mit der Frau tun möchte – die Frau ebenso auf ihre Kosten kommen zu lassen; die Frau einfach anders verwöhnen.

Ein allseits beliebter Trick ist, vor dem eigentlich Akt heimlich im Bad zu masturbieren.
Aber auch durch Training lassen sich gewisse Probleme mit der Manneskraft beseitigen.
Beim Sex gibt es immer den Punkt der Erregung, der eine Umkehr nicht ermöglicht. Dies ist der Punkt, vor dem sich die

meisten Männer mit Problemen fürchten. Schaffen sie es soweit? Schaffen sie danach, so zu kommen, wie sie wollen? Oder hört es kurz vorher alles auf? Sobald dieser point-of-no-return einsetzt (und somit auch der Druck und die Versagensängste), sollten beide einfach pausieren. Nicht lange. Gegebenenfalls nur für ein paar Sekunden (fünf bis zehn).

Wird die Technik oft genug wiederholt, schwindet der Druck.

Eine weitere ähnliche Technik ist, kurz vor dem Gefühl des Kommens die Eichel leicht zu drücken, sodass das Ejakulat wieder tiefer zurück in den Schaft gedrückt wird. Dies zögert den Orgasmus hinaus und erhöht die eigene Lust des Kommens.

Außerdem gibt es noch Gleitgele, die das Kommen hinauszögern.

Und was ist, wenn man durch den ganzen Gedankenwirrwarr „hoffentlich komme ich nicht zu früh", gar nicht mehr kommt? Die Frau verwöhnen! Sie wird sich zwar wundern, weshalb er nicht gleich Geschlechtsverkehr hat, aber dies kann als „heute verwöhne ich dich mal" Ausrede (oder „heute will ich dich einfach nur ganz fest halten und kuscheln") gut verkauft werden. Sie wird es danken.

Sextipp #67

Die Frau soll sich in der Badewanne so unter den Wasserstrahl des Badewannenwasserhahns legen, dass dieser ihren Kitzler stimuliert.

Schmerzhaftes Fremdeln

Es klingt wie aus einer Frauenzeitschrift oder schlechtem Film; allerdings ist es wahr.

Erhöhter Pornokonsum fördert die Untreue und erhöhter das Verletzungsrisiko.

Männer (und Frauen), die gerne und viele Pornos schauen, nehme das Gesehene gerne auf. Gerne werden die Aktionen auf das reale Leben übertragen, bzw. es zumindest versucht. Seien es verrückte Stellungen, Dauerorgasmen oder Dauererregtheit, zudem ein für alles offene und stets willige Sexpartner.

Dies verführt dazu, auch mal über dem Tellerrand zu schauen und in fremden Gefilden zu wildern. Nicht nur, weil dies total doof und dumm ist (Untreue ist ein großer Vertrauens- und somit Beziehungskiller), ist es auch gefährlich. Es besteht die Gefahr, erwischt zu werden. Auch bei größter Vorsicht. Sobald eine Frau nur ein wenig misstrauisch ist, findet sie alles heraus, was sie herausfinden möchte. Des Weiteren besteht auch Gefahr für den Betrüger. Denn die Spielgefährtin kann auch einen sehr durchgeknallten und zudem aggressiven Freund haben, den sie mit dieser Aktion provozieren möchte.

Dies sind aber nicht die beiden Punkte, die mit dem "schmerzhaft" angesprochen werden sollen. Vielmehr geht es darum, dass beim Fremdgehen und Fremdvögeln gerne Stellungen und Dinge ausprobiert werden, die normalerweise im heimischen Schlafzimmer gemieden werden; das ist ja auch ein Grund für die Untreue. Bei diesen experimentellen und umfangreichen Spielchen, steigt allerdings das Verletzungsrisiko.

Nicht nur die normalen Gliedmaßen, sondern auch das beste Stück des Mannes kann dabei in Mitleidenschaft geraten. Der so genannte "Penisbruch". Weil man es sich selber und natürlich auch der anderen Frau beweisen möchte, vögelt man besonders wild rum. Härtere und schnellere Stöße führen zu Unachtsamkeit und somit auch zu schmerzhaften Ab- und Ausrutschern.

Und, diese Art von Verletzungen kann man der richtigen Partnerin nur schwer erklären, ohne sie anzulügen.

Lieber den Pornokonsum einschränken und eine eigene (Kopfkino-)Porno-Produktion starten. Mit der eigenen Partnerin. Denn wenn es im Bett nicht mehr klappt und man den anderen betrügt, sollte man die Beziehung lieber gleich überdenken.

Sextipp #68

Die Zahnbürste als Sextoy. Natürlich ohne Zahnpasta. Und die Borstenseite mit ganz viel Gleitgel.

Flirt

Märchenzeit

Manchmal muss es auch Romantik mehr.

Klar, im Bett soll man nicht nur wild rumpoppen oder nur Blümchensex haben. Eine gesunde Mischung macht's. Und immer sollte etwas Romantik mit dabei sein.

Aber ab und zu braucht frau mal eine große Portion Romantik. Nur wie stellt man das an, wenn man nicht gerade seinem Partner vor den Latz knallen möchte, heute mal die Prinzessin zu sein?

Wie wäre es mit einem großen Zaunpfahl, mit dem gewunken werden kann? Einem Märchenbuch?!

Einfach neben das Bett oder auf den Nachttisch legen.

Entweder kommt der Partner von alleine drauf, nach dem Motto „Oh, Märchen sind total schön" oder man macht selber den ersten Schritt. Anschließend weitermachen mit den Sätzen „Kennst du das Märchen xy, in dem xx und zz passiert?". Und letztendlich „Ich will heute deine Prinzessin xx sein, sei mein Prinz xy".

Und die Belohnung für diesen Aufwand wird ihn garantiert entschädigen…

Anturner #1

Sie mit einem weichen Band oder Seidenschal (sanft) festbinden

Der Knoten und auch die Fesseln können später befestigt werden. Für das Vorspiel sollten sie allerdings etwas lockerer bleiben.

Sag ja zum Mut

Immer diese spießigen und alten Verhaltensregeln zum Thema Flirten und Liebe.
Erst nach drei Tagen anrufen, nicht beim ersten Date küssen und der Mann küsst als Erster.

Stopp!

Mädels, Männer mögen es, wenn Frauen den ersten Schritt machen, also küsst ihn, wenn und wann ihr Lust dazu habt und wartet nicht (manchmal kann man ewig warten...).

Und Männer, wartet nicht eine bestimmte Zeit, bis ihr euch meldet. Wenn Frauen euch mögen, merkt ihr das und dann ist es umso schöner nicht allzu lange auf ein Signal zu warten - sonst denken Frauen, dass das Treffen ihnen gar nicht so toll gewesen ist oder der Mann noch mehrere Frauen zu beschäftigen hat; sonst würde sich das Date eher melden.

Anturner #2

Morgens, wenn sie sich gerade duscht und er, nachdem sie bereits einige Zeit geduscht hat, überraschend zu ihr unter die Dusche steigt. Dann seift er sie erneut überall ein und streichelt sie dabei sanft um sie abschließend zu lecken.

Gefühlschaos

Die Tage werden kürzer, die Blätter fangen an zu fallen. Es wird kalt und regnerisch und niemand will mehr nach draußen auf die Straße, sondern bevorzugt einen Filmabend mit einem warmen Getränk und leckerem Essen.

Es ist Herbst. Und es geht auf den Winter zu.

Männer und vor allem Frauen suchen nun nicht mehr „die schnelle Nummer", sondern jemanden, der mit ihnen abends zuhause sitzt, kuschelt und sie wärmt.

Ja, wenn das denn so leicht wäre…
Denn nicht nur Frauen haben Hormonschwankungen und Gefühlsprobleme. Auch Männer und diese zeigen sich erst Recht, wenn die Tage kürzer und auch die Ablenkungsmöglichkeiten rarer werden.

Nur, weshalb haben Männer Angst vor ihren Gefühlen bzw. weshalb denken wir Frauen, dass Männer „ebenfalls" Hormonschwankungen haben?

Männern wurde gesagt, sie sollen stark sein. Das ist kein typisches Schubladendenken. Dies zeigt sich in erster Linie in Liebesfilmen, die es auf dem Markt gibt. In den meisten wird die Frau vom Mann erobert. In den meisten dieser Filme, zeigt der Mann nicht derartige Gefühle, wie die Frau. Die Frau wird als gefühlsbetonter Mensch dargestellt, der Mann eher als gefühlskalt.

Männer fühlen nur anders als Frauen. Die meisten Männer bauen eher eine emotionale Bindung auf, wie eine Frau. Sie sind früher verliebt etc. Sie wollen es aber nicht zeigen, weil sie sich nicht sicher sind und sich nicht lächerlich gegenüber der Auserwählten machen wollen. Erst, wenn sie sich sicher sind, dass die Angebetete ebenfalls derart empfindet, öffnen sie sich langsam. Aber nur langsam. Damit sie nicht zu sehr verletzt werden können.

Anders ist es mit den Frauen. Frauen sind sich ihrer Gefühle und emotionalen Bindungen später bewusst bzw. lassen diese zu, denn Frauen sind anfangs unsicher und wollen nicht verletzt werden. Sind sie sich sicher, zeigen Frauen ihre Emotionen. Meistens verpassen sich die Zeitpunkte der Gefühlsoffenbarung von Männern und Frauen. So denken Männer, dass es das doch nicht ist, da die Geliebte die Gefühle nicht erwidert, und verschließen sich wieder. Zu diesem Zeitpunkt öffnen sich Frauen, weil sie sicher sind, dass es dieses Mal der Richtige ist.

Das ist nun kein Appell an die Frauen, sich eher zu öffnen, aber eher auf das Herz zu hören.

Es ist auch kein Appell an die Männer, ihre Gefühle deutlicher zu zeigen (denn beides schreckt ab), sondern Geduld mit Frauen zu haben und bevor sich Männer zurückziehen und aufgeben, offensiver vorzugehen.

Beides können gebrochene Herzen und Reinfälle verursachen. Aber auch das Gegenteil.

Anturner #3

Wenn sie sich gerade im Spiegel betrachtet, stellt er sich hinter sie, flüstert ihr Komplimente ins Ohr und fängt an, sie zu streichen, anzufassen etc.

Mit guter Laune flirtet es sich gleich viel besser

Wenn einem gar nichts gelingen will, alles schief läuft und man schon vor dem Start in den Tag schlechte Laune hat, sollte man sich gute und fröhliche Musik mit auf seinen Weg nehmen. Denn dies stimuliert die Glücksgefühle. Dafür konzentriert man sich am besten auf die Musik, bis man merkt, dass man gute Laune bekommt. Verstärkt wird der Effekt durch mitsingen.

Steht man nun in der Straßenbahn oder geht die Straße entlang, mit der fröhlichen Musik im Ohr, fängt man automatisch an, zu lächeln, die Augen strahlen und der Gang wird aufrechter und offener. Diese Körpersprache spricht andere Menschen an. Man wird angelächelt, und kommt so leichter zu einem Flirt oder einem Gespräch.

Denn niemand mag schlecht gelaunte, grimmig dreinschauende Menschen!

Anturner #4

Wenn er sie zurück ins Bett zieht, obwohl sie gerade aufstehen wollte, und sie dann leidenschaftlich küsst.

Eine gesunde Portion Egoismus

Erst wenn man sich selber wirklich liebt, kann man Andere lieben und die wiederum können einen lieben. Denn wenn man sich hasst, strahlt man diesen Hass aus und projiziert ihn auf andere.

Anturner #5

Wenn beide nebeneinander liegen, zum Beispiel im Bett oder im Park, und er mit einem Finger auf ihrem Bauch, Arm oder einem anderen Körperteil entlangfährt und Buchstaben oder Wörter schreibt.

Nicht entscheidungsfreudig

Amerikanische Psychologen untersuchten die Anziehungskraft bestimmter Männertypen auf Frauen. Dabei fanden sie heraus, dass defensive Männer besonders attraktiv auf Frauen wirken, wenn es um die intellektuell-rhetorischen Fähigkeiten der Kerle ging. Sobald Frauen allerdings Sportler diesbezüglich bewerten mussten, wurde der aggressiv-dominante Typ bevorzugt.

Anturner #6

Er zieht sie langsam aus.

Va piano

Erste Dates sind ja immer so eine Sache. Man ist total nervös, meist verkrampft. Was soll man sagen, was soll man machen, wie soll man sich geben?

Natürlich! Klar, das sagen alle. Und wenn man sich wohl fühlt, kommt der Rest von alleine.

Aber bitte dabei beachten, dass man sich nicht zu wohl fühlt und auf einmal anfängt rum zu spinnen und rum zu springen oder brüllen (werte Männer...!).

Denn meist ist ja weniger doch mehr ;)

Anturner #7

Augenkontakt mit ihr während er ihren Bauch, ihre Beine oder andere Körperteile küsst.

Can touch this

Beim Flirten oder vor dem Flirten: eine sanfte, kurze (zufällig wirkende) Berührung am Arm oder der Schulter wirkt wundern. Erst einmal dreht sich die Auserwählte zu einem um (Aufmerksamkeit erhalten!), nun ein freundliches Lächeln, tief in die Augen schauen und weiterziehen.

Abwarten.

Dann beim Gespräch ebenfalls wieder eine sanfte, kurze (zufällig wirkende) Berührung an der Hand oder am Bein (wenn man an der Theke sitzt). Der Zeitpunkt ist dabei sehr wichtig. Denn man sollte sich bereits in ein Gespräch vertieft haben. Das Thema wird dann, von einem selber, auf schöne Momente aus der Vergangenheit des Anderen gelenkt ("Damals als Kinder im Schwimmbad haben wir immer Eis gegessen und sind die Rutsche runtergerutscht") - zack - Berührung. Tief in die Augen gucken, lächeln. Schon werden vom Gegenüber die Berührungen und der Blick mit den hervorgerufenen emotionalen Gefühlen assoziiert.

Anturner #8

Sein Stöhnen, dass er eigentlich unterdrücken wollte, es aber doch leise zu hören ist

Kommet ihr Mädels, oh kommet doch all

Es macht einen Mann auf jeden Fall begehrenswerter, wenn er sich mit Frauen umgibt. Allerdings sollte er darauf achten, dass er dabei nicht als Gigolo oder Macho rüberkommt. Er sollte so agieren, als ob er genau weiß, wie begehrenswert er ist und ihn die anderen Frauen an seiner Seite „kalt" lassen, da er derzeit mit "IHR" flirtet und SIE die Auserwählte ist. Dann wieder ein kleines Rumalbern mit der Kumpelin neben ihm und wieder zurück mit der Aufmerksamkeit zu IHR.

Der Mann sollte allerdings das Spiel nicht zu weit treiben und zu viele Frauen um sich scharen oder zu weit gehen beim Spielen mit den Kumpelinnen. Denn das wirkt bei Frauen abschreckend.

Frauen können diese Masche allerdings eher schlechter durchziehen. Je mehr Männer, desto abschreckender ist dies für andere Männer. Ein bis maximal zwei Männer sind okay. Dabei sollte sie ebenfalls, wie der Mann, ab und an mit den Freunden rumalbern, lachen, reden, aber IHM signalisieren, dass sie doch eher an IHM interessiert ist.

Anturner #9

Sie überall berühren und streicheln und dabei in ihr Ohr erotische Pläne flüstern.

Bitte Lächeln

Für Frauen wirken Männer attraktiv, die einen stolzen Gesichtsausdruck haben. Dieser Gesichtsausdruck bei Frauen wirkt hingegen für Männer weniger attraktiv. Sie werden von einem freundlichen Gesicht und besonders von einem (ehrlichen) Lächeln angezogen.

Anturner #10

Er sollte sich morgens von hinten an sie ankuscheln wenn sie noch schläft und sie mit sanften Küssen auf den Hals und Wange wecken, die immer leidenschaftlicher werden. Dabei sanft ihren Körper streicheln und die Hände, sobald sie wach ist, immer weiter hinab gleiten lassen und anschließend sanft ihre Vagina streicheln.

Winterzeit Pärchenzeit

Im Sommer sind die Menschen draußen, feiern, lernen neue Leute kennen und sind eher freilebig; keine Verpflichtungen, keine Bindung, keine Verantwortung. Viele finden es besser, Single zu sein, denn so kann diese heiße Jahreszeit am besten genossen werden und ohne Reue zu genießen.

Doch kaum wird es kälter und die Vögel fliegen gen Süden, ziehen Regenwolken auf. Die Zeit im Freien wird weniger. Es beginnt die romantische Zeit; gefüllt mit Herbstspaziergänge zwischen Laufhaufen und Fernsehabenden.

Dies ist auch die Zeit, in der viele Pärchen zusammen kommen. Die Ansprüche werden runtergeschraubt. Was im Sommer noch nett belächelt wurde, ist nun attraktiver und doch eine Option.

Es wird nicht mehr so aggressiv und offen geflirtet wie noch zu Beginn des Jahres. Denn nun werden Partner gesucht, mit denen man den Winter verbringen kann.

Woran liegt das?

Wenige Menschen wollen im Winter alleine sein. Das Wetter schmälert zudem die Lust raus zu gehen und neue Leute kennen zu lernen. Man liegt lieber zuhause auf dem Sofa oder im Bett, verbringt dort den ganzen Tag und geht nur zum Essen holen vor die Tür. Auch möchte man nicht mehr so viel auf sein Äußeres achten. Eine Jogginghose und ein Schlabberpulli werden am Liebsten rund um die Uhr getragen. und auch die Accessoires verschwinden in der Ecke und weichen Schal und Mütze.

Nun kann man die kalte Jahreszeit mit jemanden verbringen, Sex haben oder kuscheln, wann man möchte, ohne vorher jemanden aufreißen zu müssen.

Doch kaum wird es warm, die Vögel zwitschern, die Sonnenstrahlen zaubert den Menschen ein Lächeln ins Gesicht, trennen sich viele Pärchen. Denn der Frühling erweckt Frühlingsgefühle; die Lust zu flirten, raus zu gehen, Leute kennen zu lernen.

Natürlich ist das nicht überall so. Aber meistens ;)

Anturner #11

Ganz langsame, zärtliche und sanfte Küsse. Sie will immer mehr und sehnt sich nach weiteren intensiveren Küssen.

I just wanne kiss

Ein intensiver Kuss verbrennt 12 Kalorien, haben Kussforscher herausgefunden. Menschen, die viel küssen, hätten mehr Erfolg im Beruf und weniger Unfälle im Straßenverkehr. Außerdem soll häufiges Küssen gut für die Haut sein: Es sorgt für eine gute Durchblutung und lässt uns länger jung aussehen.

4.000 Bakterien werden beim Küssen ausgetauscht, antimikrobielle Enzyme im Speichel schützen Zähne vor Karies und Paradentose, der Austausch von s.g. Neuropeptiden stärkt das Immunsystem. Und der Punkt geht im Sexualzentrum des Gehirns ab. Nach 15 Minuten knutschen setzt bei den Küssenden ein "positiver Stress" im Körper ein - durch Glückshormone, Adrenalin, Belohnungshormone. All das, was auch beim Sex passiert..

Anturner #12

Zusammen duschen, er rasiert sie und dringt dann erst mit seinem (oder ihrem) Finger in sie ein...

Lippenbekenntnisse

Küssen haben viele Bedeutungen und noch mehr Auswirkungen.

Für die meisten Männer ist allerdings dabei interessant, dass bei den Frauen eine Verbindung der Nerven von den (Mund)Lippen und der Vagina besteht. Die Oberlippe ist also mit der Klitoris und die Unterlippe mit der gesamten Vagina verbunden. Daher gehört küssen besonders beim Vorspiel dazu.

Aber nicht nur für Sex ist küssen unerlässlich. Ebenso auch in Beziehungen und sich näher kommen.

Am besten sind dabei, wie auch bei Komplimenten, überraschende Aktionen. Das heißt also, im Kino, beim Einkaufen im Supermarkt oder beim Stadtbummel. Der Mann packt in einem Augenblick seine Partnerin und küsst sie lange, intensiv und leidenschaftlich. Dabei ist nichts dagegen zu sagen, wenn dieser wolllustige Kuss zudem in aller Öffentlichkeit passiert. Denn die Frau weiß nun, dass andere Frauen sie um diese Liebesbezeugung beneiden und weiß die Aktion des Mannes umso mehr zu schätzen.

Eine weitere liebevolle Geste ist, wenn man den Partner vor dem Einschlafen oder zum Wecken sanft auf die geschlossenen Augen oder auch Stirn küsst. Diese zärtliche Geste wird ihr ein Lächeln ins Gesicht zaubern und eine schöne Nacht oder einen angenehmen Start in den Tag bescheren.

Anturner #13

Sprachlosigkeit vor Erregung (durch Berühren der richtigen Stellen).

Lachen macht gesund...

...und gilt bei Männern als sehr sexy. Frauen stehen auf Männer mit Humor, die ihre Partnerin zum Lachen bringen und dabei auch über sich selber lacht.

Aber dabei sollte er bitte nicht zum Clown mutieren. Denn wenn es albern wird, wirkt er schnell wie ein Kind, und das ist eher abturnend.

Anturner #14

Mit seinen (oder ihren) von ihr mit dem Mund befeuchteten Fingern an ihren Nippeln rumspielen.

Sanfte Worte

Frauen sind sehr unsicher, was ihren Körper und ihr Aussehen angeht. Auch wenn sie es manchmal nicht zeigen.

Spätestens, wenn sie nackt vor dem Mann stehen oder liegen, schleichen sich die Zweifel in ihren Kopf und sie denkt über diesen oder jenen Makel an ihrem Körper nach. Besonders am Anfang der Beziehung.

Der Mann kann seiner Partnerin diese Scheu nehmen, indem er ihr Komplimente über ihren nackten Körper macht. Diese sollten aber sanft sein und nicht a la „Baby, du siehst Bombe aus" sein. Denn Übertreibungen oder zu starke Ausschweifungen wirken unehrlich.

Gleiches gilt natürlich auch für Männer, liebe Damen!

Anturner #15

Wenn sich die Frau nachts (in der Löffelchenstellung) mit ihrem Po gegen seine Leisten drückt und seinen immer tiefer werdenden Atem in ihrem Nacken spürt.

Hui, wie das glänzt!

Das erste Mal bei ihm:

Frauen sind beeindruckt, und ja, sie stehen auch drauf, wenn die Wohnung des Mannes aufgeräumt und sauber ist. Den dies bedeutet nicht nur, dass der Mann ebenso auf seine Körperhygiene achtet, sondern auch, dass es sich hier überall ohne Ekelgedanken "treiben" lässt.

Wenn er vorher noch für sie lecker gekocht hat, sind viele Frauen hin und weg und freuen sich auf einen ausgiebigen Nachtisch, der ebenfalls ins Bett verlegt werden kann. Praktisch sind dann vor allem Desserts, die sich ins Vorspiel integrieren lassen, wie Obst, Sahne, flüssige Schokolade (ggf. Schoko-Fondue).

Anturner #16

Wenn er seine Hände in ihren hinteren Hosentaschen und anschließend in ihren Hosen versenkt.

Funkenflug

Flirten ist nicht immer ganz leicht. Leichter fällt es einem, wenn man sich mit der Körpersprache auskennt. Flirtsignale (bei Frauen) sind zum Beispiel, wenn sie mit ihren Haaren spielt, sich am Arm oder anders wo berührt oder streichelt.

Wichtig sind auch die Augen. Strahlen sie? Richten sie sich auf den Mann? Ist ihr Blick durchdringend, wenn sie den Mann ansieht? Auch ihre Körperhaltung ist ein eindeutiges Signal. Denn obwohl die Augen nicht auf den Mann gerichtet sind, kann sie an ihm interessiert sein. Dies zeigt sich, wenn ihr restlicher Körper in Richtung des Mannes gerichtet ist, also nur ihr Kopf in eine andere Richtung schaut.

Auch gekreuzte Arme müssen nicht gleich Ablehnung bedeuten. Denn viele Frauen wissen einfach nicht wohin mit ihren Armen, vor allem, wenn sie nervös sind.

Wenn der Mann dann im Gespräch mit der Frau ist, sollte er darauf achten, ob sie interessiert zuhört. Er sollte ihr Fragen stellen und ggf. auch bei gewissen Situationen nachhaken (besonders wenn ihre Augen bei Thematisierung einer Sache leuchten). Nach einiger Zeit verstehen sich beide Gesprächspartner besser und kommen sich näher. Dies zeigt sich zum Beispiel auch da sich die Körpersprache beider immer mehr ähneln und die Distanz zueinander immer geringer wird. Auch die Stimmlage verändert sich. Man spricht ruhiger, tiefer und langsamer. Die Grenzen zueinander verschwinden immer mehr. Die Getränke rücken näher, die Handtasche ist nicht mehr auf ihrem Schoß usw. Auch neigen Frauen ihren Kopf gerne zur Seiten, wenn sie Zuneigung signalisieren wolle.

Ansonsten sollte der Mann immer natürlich und humorvoll bleiben. Nichts ist abschreckender als ein eingebildeter oder kindischer Mann, der auch noch schlecht schauspielert.

Anturner #17

Beim Küssen stößt er sie ab und zu sanft weg, sodass sie ihn wieder zu sich ziehen muss.

Wörtliche Schmeicheleien

Komplimente für Frauen müssen nicht immer ernst gemeint sein und aus tiefsten Herzen kommen (auch wenn das natürlich die schönsten Komplimente sind). Wichtig ist auch, dass sie glaubwürdig rüberkommen.

Nach einer durchzechten Nacht sollte er ihr am nächsten Morgen nicht ins verknautschte Gesicht sagen, dass sie wunderschön ist. Aber gerne, nachdem sie sich frisch gemacht hat.

Diesen Satz hören Frauen sehr gerne. Auch kann dieser Satz sehr gut variiert werden, zum Beispiel durch Nennung bestimmter Körperteile an ihr. Sollte sie aber mal einen schlechten Tag haben und nichts an ihr selber mögen, bringen auch Komplimente derart nichts. Der Mann sollte dann eher die inneren Werte der Liebsten („Ich mag deine Art morgens die Zeitung zu lesen" oder „ich mag es, wenn du verträumt in den Himmel schaust". Die Situation sollte dann aber wirklich so sein, da die Frau oft nach haken warum das so ist „weil du dann so glücklich etc. aussiehst". Noch besser kommt dieses Kompliment natürlich in der entsprechenden Situation an. Wenn sie zum Beispiel neben ihm im Bett sitzt, ein Buch liest, kann er sich anschauen und anlächeln. Sie wird fragen, weshalb er lächelt und schon kann er mit dem Kompliment kommen „Du siehst so bezaubernd aus, wenn du in dein Buch vertieft bist. Da möchte ich dich einfach nur anschauen und den Anblick genießen".

Was ebenfalls sehr schön für Frauen von Männern zu hören ist, ist wenn Männer sagen, dass sie gerne Zeit mit ihnen verbringen.

„Ich bin gerne bei dir", „Wenn ich mit dir zusammen bin, sind alle anderen Probleme vergessen" usw.

Anturner #18

Der Mann sollte der Frau zeigen bzw. spüren lassen, dass sie nie zu viel Macht über ihn haben wird sondern er immer derjenige ist, der die Zügel in der Hand hat (mal lockerer, mal angezogener).

Männer, die sagen und wissen, wo es lang geht, wirken auf Frauen sehr attraktiv.

Nice to meet you

Die Zeiten der Trauer sind vorbei. Man will wieder raus, das Leben genießen, neue Leute kennenlernen und vor allem flirten.

Aber bevor man loszieht, sollte man wissen, wie man überhaupt flirtet. Denn sonst wird das Aufreißen schnell zum Reinfall und man verliert aufgrund des ausbleibenden Erfolges schnell die Lust.

Das wichtigste und schwierigste ist natürlich das Ansprechen. Hilfreich sind prägnante Themen, ihr sein Hund, etwas was sie trägt, die Location (bitte nicht „Bist du öfter hier?"!! dagegen gerne: „Ich bin zum ersten Mal hier. Sehr schön. Und dann sehe ich auch noch dich" oder so ähnlich).

Nicht nur die Kontaktaufnahme mittels Blicken und das Ansprechen sind die, denen man sich vorher sicher sein sollte. Wichtig sind auch ein gepflegtes Äußeres. Denn kommt er ihr wie der letzte „Heckenpenner" entgegen, wirkt das natürlich abstoßend und abschreckend. Zumal der äußere Eindruck auch vermittelt, dass die Person weder gut riecht noch gepflegt ist. Und mit so einem möchte man eher nicht intim werden. Aber bitte nicht too much. Er soll nicht aussehen wie ein metrosexueller und sie nicht wie eine arrogante Tussie.

Wichtig beim Flirten ist es, dass man nicht so viel von sich selber erzählt. Sicherlich ist die eigene Person auch interessant, aber man will ja etwas über die Auserwählte wissen. Zudem freut sie sich sehr über Aufmerksamkeit und wird dieses einem anrechnen.

Wenn man dann an der Reihe ist und etwas von seinem eigenen Leben Preis geben soll, sollten dringend Sätze vermieden werden wie „meine Ex hat mich verlassen und seitdem bin ich tot traurig" oder ähnliche Äußerungen, die einen als Jammerlappen, Nörgler oder Drama-Queen erscheinen lassen. Auch wenn dies die Wirklichkeit ist, sollte man das dem Gegenüber nicht sofort unter die Nase schmieren.

Wenn das aufmerksame Zuhören und Nachfragen ein großes Kompliment sind, so sind auch geäußerte Komplimente von großer Bedeutung.

Während des Gespräches sollte man ihr in die Augen schauen, lächeln und ab und an leichtes, dennoch gezieltes, Berühren an Händen, Armen oder Schultern. Dies vermittelt Nähe sowie Zuneigung und vermittelt ein Gefühl von Zusammengehörigkeit und Geborgenheit Zusätzlich noch den Namen nennen (nicht nur „Du") zeigt, dass man mit den Gedanken vollkommen bei ihr ist.

Auch vor den Mauerblümchen am Rande sollte man beim Ansprechen nicht zurückschrecken. Sicherlich denkt man, dass diese etwas Merkwürdiges an sich haben müssen, da sie alleine etwas abseits stehen. Aber meist sind sie einfach nur zu schüchtern oder die Freundin / der Kumpel ist gerade an der Bar oder Ähnliches. Meistens trauen sich andere, diese Personen auch gar nicht anzusprechen, gerade wegen der Vorurteile. Daher ist es umso leichter selber den ersten Schritt zu machen.

Aber das aller wichtigste ist das eigene Lächeln. Denn nichts ist schöner, als (auch mit den Augen) angestrahlt zu werden.

Anturner #19

Etwas Schmutziges ins Ohr flüstern (vor allem in einem streng konservativen Umfeld).

Let's go to the mall

Der Sommer ist da und jetzt lässt es sich am besten flirten. Doch wo?

Das Evergreen ist natürlich mit seinem Hund im Park spazieren zu gehen. Denn entweder kommt der Hund auf die Frau zu, beschnuppert sie und sie streichelt den Hund aus Reflex. Oder sie kommt auf einen zu, weil der Hund ja so süß ist, den man hat (umgekehrt geht es natürlich auch). Alles in allem ist der Hund ein Mittel, jemanden leichter anzusprechen, denn das Einstiegsthema ist schnell gefunden. Und wenn man über jemand Dritten (hier der Hund) jemanden anspricht, dann fällt dies viel leichter, da die Anrede nicht direkt erfolgt und somit auch nicht der eventuelle Korb.

Was aber wenn man keinen Hund hat? Oder sogar eine Hundehaarallergie? Dann ab ins Fitnessstudio oder zum Sport in den Park. Hier kann man nicht nur gleich den Körper des Anderen abchecken, sondern weiß auch, dass sie Kondition hat, bzw. etwas dafür tut. Zudem ist die Kontaktaufnahme auch relativ leicht und, wenn man jemanden eine Übung näher zeigen will, kommt es schnell zum Körperkontakt (bitte nur leichte Berührungen, die zur richtigen Ausführung der Übungen führen! Nicht Grabschen!).

Aber auch der Mai und Juni bieten gute Flirtmomente. Denn in diesem Monat finden viele Hochzeiten statt. Die romantische Stimmung bei diesem Event macht das Flirten total easy.

Sollte das Wetter allerdings zu schlecht sein für den Park, oder man ist zu faul für Sport oder aber es heiratet keiner im Bekanntenkreis, dann kann man es auch in Vereinen oder bei

Kursen probieren. Hier bildet sich schnell ein besonderes Gruppengefühl, was das ansprechen, kennenlernen und flirten wesentlich vereinfacht.

Im normalen Alltag lässt es sich ebenso leicht flirten. Zum Beispiel der Klassiker: Supermarkt. Hier machen einen Sprüche wie "Verzeihung, haben Sie schon einmal diesen Käse probiert?", "Ist diese Pizza wirklich so gut, wie die es in der Werbung immer behaupten?" So kommt man schnell ins Gespräch. Am besten eignet man sich vorher etwas Wissen zum Thema Ernährung an, damit man nicht nur sympathisch sondern auch etwas kompetent wirkt (Aber bitte nicht so viel. Man will ja nicht wie ein Freak rüberkommen).

Nicht nur zwischen den Regalen, sondern auch an der Schlange lässt sich gut flirten. Schließlich kann sie nicht wirklich weg und jeder freut sich über etwas nette Unterhaltung beim nervigen warten.

PS. No-Gos sind Schwulenlokale oder Dessousabteilungen. Frauen gehen in Schwulenlokale, damit sie mal nicht angebaggert werden. Und Dessousabteilungen? Klar würde hier das flirten sehr sehr leicht fallen. Aber was macht ein Mann alleine (oder mit seinem Kumpel) in der Dessousabteilung?

Anturner #20

Wenn der Mann den BH mit einer Hand öffnen kann und nicht lange rumwerkelt.

Meeting

Das Ansprechen und das Nummernaustauschen haben super geklappt? Und was jetzt? Ganz klar! Das erste Date! (Oder zweite, dritte usw.)

Aber es ist immer schwierig, einen geeigneten Ort zu finden. Kino? Zwar ganz gut, aber man sitzt in Wirklichkeit nur stumm nebeneinander und kann sich nicht kennenlernen. Essen gehen? Eigentlich sehr unoriginell.

Und wenn gerade kein Jahrmarkt oder Flohmarkt ist, auf den man die neue Eroberung entführen kann, muss einen was Neues einfallen.

Wie wäre es – besonders für Frühjahr und Herbst geeignet – mit einem Date zum Drachensteigen lassen? Einen einfachen Lenkdrachen gibt es schon für ein paar Euro. Damit kann man Frauen beeindrucken, oder, wenn sie ein Date mit einem Mann hat, kann sie bei ihm wieder das Kind im Manne hervorholen. Zudem ist eine Wiese oder ein Acker ein sehr romantischer Ort und der Drache bietet genug Unterhaltung und Aktion auch wenn er ständig bruchlandet.

Allerdings sollte man hierbei darauf achten, dass keiner von beiden Heuschnupfen hat. Dann wird diese Verabredung sicherlich nicht wirklich erfolgreich.

Es kann beim ersten Date auch gern mal etwas aktiver zugehen. So merkt man auch schnell, ob sie ein Bewegungsneurotiker ist. Wie wäre es daher mit einem Date zum Bowling, Schlittschuhlaufen oder Rollerskaten.

Eine Bar oder ein Restaurant sind nie die falsche Wahl für ein Date. Nur sonderlich originell sind diese Treffpunkt nicht. Auch wer ein Kinobesuch hierfür vorschlägt, sprüht nicht gerade vor Ideen. Dabei kann ein mit Einfallsreichtum ausgesuchter Ort gerade beim ersten Date maßgeblich zum Gelingen des Treffens beitragen. Eine optimale Location bietet Gelegenheit zum Flirt und verhindert peinliche Gesprächspausen.

Für die erwachseneren und reiferen könnte sogar ein Casinobesuch in Frage kommen. Aber bitte nur, wenn man Geld hat und nicht die letzten Cent zusammenkratzen muss und den ganzen Monat nur noch von Toast lebt. Anschließend gibt man der Frau etwas Geld und geht mit ihr zu den Tischen um sie zum Spielen zu ermutigen. Dabei sollte er ermutigend und beratend zu ihrer Seite stehen. An der Spielstrategie der Partnerin kann man zudem auch ihre Charakterzüge erkennen: Impulsiv, zurückhaltend, wagemutig, vorsichtig? Ein unterhaltsamer Abend, den man zwischendurch auch an die Bar verlagern kann.

Sollte man allerdings nicht so der Casino-Typ sein, ist es ratsam, diese Strategie auch nicht zu fahren. Wir wäre es daher vielleicht mit einem Besuch beim Kinderfußball vom Neffen, Nachbarsjungen oder Ähnliches? Einerseits lieben – die meisten Frauen – Kinder, andererseits ist dies sehr unterhaltsam und lustig anzuschauen und lässt einen schnell näher kommen. Anstatt Kindern beim bunten Treiben zuzuschauen, tut es natürlich auch ein Zoobesuch oder ein Besuch im Aquarium.

Wenn dies zu stürmisch ist, oder sie weder Kinder noch Fußball mag oder man kein Kind im Bekanntenkreis hat, was einen Mannschaftssport ausübt, kann man mit ihr auch ins Museum gehen. Denn diese alten Bauten haben Stil, Eleganz und etwas Geheimnisvolles. Da man sich dort auch sehr benehmen muss und leise sein sollte, entsteht in der Zeit ein gewisses Kribbeln und eine Spannung, da man sich ja zusammenreißen muss.

Für die Romantiker gibt es natürlich noch das non-plus-ultra. Ein Besuch im Planetarium oder ein Picknick im Park mit Wein, Käse, Schinken und Baguette, sowie frischen Früchten zum Naschen und verführen.

Und: an beiden Orten kann man sich aneinander kuscheln und den Blick gen Himmel genießen.

Anturner #21

Die verschlafene Stimme des Mannes vor dem Morgensex.

Textitext

Nachdem man die Nummer von einem Flirt erhalten hat, gibt es verschiedene allgemein bekannte Regeln, die man angeblich befolgen soll. Nicht sofort melden, Desinteresse zeigen usw.

Einerseits stimmt es, dass aufdringliches Verhalten von Frauen als schlecht angesehen wird, allerdings sollte man seinem inneren Bauchgefühl in Sachen Zeitpunkt folgen.

Trotz allem gibt es einige Punkte, die beachtet werden sollten, da bei Konversationen per SMS oder ähnlichen Diensten Vieles falsch verstanden werden kann, was die Konversation Zeit weilen etwas schwierig gestaltet.

Fakt ist, dass zu viel und zu oft melden, den Anderen uninteressant machen. Schließlich scheint er ja sowieso die ganze Zeit an die Frau zu denken, wenn er sich so oft meldet. Außerdem ist es schwierig, eine Konversation entstehen zu lassen, wenn man noch nicht einmal das erste Date hatte. Dann werden Fragen wie „Was machst du so?" oder „Genießt du das Wetter?" eher als nervig empfunden. Die Frauen reagieren nicht und werden sich auch nicht melden. Dies ist ein Zeichen, dass die Frau dann lieber in Ruhe gelassen und nicht mit der Frage „Warum meldest du dich nicht?" weiterhin *genervt* werden sollte. Sie wird sich melden. Auch wenn es etwas dauert. Wenn sie allerdings nach einer Woche noch nicht reagiert hat, kann man evtl. noch eine witzige und smarte SMS senden. Ist ihre Antwort weiterhin nur kurz und distanziert, wird ihre Nummer lieber gelöscht. Sie hat nämlich eher kein Interesse mehr und den Abend wohl nur zum Nummernsammeln genutzt.

Entsteht aber eine Konversation, sollten lange Romane vermieden werden. Anfangs ist es wichtiger, kurze SMS zu schreiben, die viel bewirken.

Beim Texten vertritt man stets die Intention, sie zu treffen und nicht, das alles einfach nur als Spaß oder Zeitvertreib zu betrachten. Diese Intention sollte ihr auch unterschwellig in den Botschaften vermittelt werden. Dass man nicht einfach nur einen "Chatpartner" sucht, sondern auf ein reales Date hinaus will. Sollte sie einen zu lange hinhalten: Nummer löschen. Dann will sie nur spielen.

Wenn sie Fragen stellt, sollten diese nicht direkt beantwortet werden. Eher indirekt, witzig, aber ehrlich. Zum Beispiel, dass man bei Pizza und Wein auf die Frage eingehen wird.

Wenn man die Themen ausgegangen sind, sollte die Konversation nicht zwanghaft aufrechterhalten werden. Dann gibt es eben mal eine Pause, was für beide sehr erholsam und dienlich sein kann. So freut man sich, und vor allem sie, wenn sie nach einiger Zeit wieder von dem Flirt hört. Dies zeigt ihr, dass er wirkliches Interesse hat.

Auch ist es nicht schlimm, wenn die Meinungen nicht übereinstimmen. Es ist sogar ganz dienlich, wenn es gegensätzliche Meinungen gibt, da diese eine gewisse Spannung erzeugen. Auf verschiedene Standpunkte bitte nicht zu sehr beharren und darauf hinweisen.

Schnulzige SMS am Anfang sind ein No-Go! Ebenso höfliche und förmliche SMS! Er will ein Date und keinen Job! Das heißt auch, dass man sich nicht verstellt. Warum denn auch? Zudem geht so die persönliche Note der Nachricht verloren. Die Frau sollte immer wissen, dass die Nachricht von dem Mann nur an sie gerichtet ist, das heißt: keine Gedichte oder Formulierungen aus dem Internet oder von vergangenen Flirts kopieren. (Außerdem kann da schnell Vieles daneben gehen, wenn man sich die SMS z. B. vor dem Absenden nicht noch einmal durchgelesen hat). Daher sollte man in seinen Nachrichten auch einen Teil von sich selber integrieren. Sozusagen der eigene Fingerabdruck und die eigene Note.

Eine wirklich attraktive und interessante Frau hat nicht nur mit einem Mann SMS-Kontakt. Meist gibt es noch zwei bis drei weitere Konkurrenten. Daher ist es wichtig, Geduld zu bewahren und nicht aufdringlich zu sein, sowie besonders herausstechende SMS zu schreiben, die sie neugierig auf mehr macht und ihr Interesse weckt bzw. die sie anregen, zu antworten.

Emoticons sind ebenso eine Erscheinung ... Einige sind angebracht und unterstützen die Intention des Textes. Alles darüber hinaus ist eindeutig zu viel! Emoticons sind „Hilfsmittel" von Jugendlichen oder Frauen und haben bei echten Männern eher wenig zu suchen. Außerdem sehen sie nicht sehr ernsthaft und attraktiv aus.

Wenn die Konversation super läuft, wird sie an einem Punkt lieber vorzeitig beendet. Sonst kann es schnell passieren, dass die Spannung und die Luft raus vergehen und somit die Dame wieder unattraktiv und uninteressant wird. Außerdem können so eventuelle Fehler vermieden werden.

Auch laufen SMS-Konversationen nicht wie face-to-face Konversationen ab. Es kann somit ganz anders begonnen werden, ohne Einleitung, sondern gleich mit dem „good stuff", ohne lang herumzureden (keine Romane!). Eine gute Einleitung ist zum Beispiel ein frecher Spitzname für sie, gefolgt von einem lustigen und einem sympathischen oder lustigen Erlebnis, welches einem gerade wiederfahren ist.

Wichtig ist auch, negative Ereignisse zu vermeiden. Schließlich ist man ein Mann und kein Jammerlappen oder eine Memme. Klar, Gefühle zeigen ist auch gut. Aber nicht vor dem ersten Date! Trotz allem sollten natürlich Gefühle nicht außer Acht gelassen werden. Keine kühlen und distanzierten SMS, denn Machos sind in SMS-Konversationen so uninteressant, wie Weicheier und Kühlschränke!

Per SMS lässt sich auch flirten. Dabei sollten die Nachrichten nicht zu kompliziert formuliert sein. Die (doppeldeutige) Intention müssen auch von ihr nach dem zweiten Mal Lesen mit einem Lächeln verstanden werden.

Besonders schön können auch „Guten Morgen"- oder „Gute Nacht"-SMS sein. Dabei sollte auf die Uhrzeit geachtet werden. Denn ein Aufwecken ist nicht angenehm und gibt eher ein negatives Feedback. Hierdurch sichert man sich der Letzte zu sein, an den sie vor dem Einschlafen denkt oder, wenn morgens, dann ein über den Tag begleitender Gedanke bleibt. Die nachfolgenden 12 Stunden wiederum nicht bei ihr melden, um die Sehnsucht gedeihen zu lassen!

Falls die Pause einmal sehr lang war und sie von sich aus fragt, weshalb man nicht geantwortet hat, bitte keine schnöden Ausreden. Am besten nicht darauf eingehen. Auch keine „Ach, schon ganz vergessen", denn das zeigt ihr, das man kein wirkliches Interesse hat, sondern alles nur als Spiel sieht.

Eher „Nach einem stressigen Tag freue ich mich gerade einfach nur noch darüber, von dir zu hören". Oder Ähnliches.

Und: sie sollte die Frage nach einem Date stellen. Das wirkt weniger aufdringlich und zeigt, dass sie wirkliches Interesse hat.

Kleiner Tipp: Immer auf das eigene Bauchgefühl hören! Das ist meistens das Beste.

Anturner #22

Er liegt mit erigiertem Penis auf dem Bett. Sie kniet sich nackt darüber, sodass ihre Vagina knapp seine Eichel nicht berührt. Dann findet ein kleines Spiel statt, bei dem sich die Vagina und die Eichel mal annähern, mal entfernen, aber nicht berühren. Wenn sie sich berühren, dann nur kurz. Anschließend wieder das gleiche Spiel von vorne. Die Berührungen werden allerdings häufiger und intensiver.

Die Traumfrau

Es ist dieser eine Augenblick, der alles entscheiden kann. Er kommt unerwartet. Beim Einkaufen, in der U-Bahn oder beim Tanken. Da steht sie vor ihm. Ein Traum einer Frau. Und dieser eine Augenblick entscheidet, ob daraus mehr wird, oder beide ihre Wege gehen ohne einmal Augenkontakt zu haben. Es ist wichtig, schnell zu reagieren, bevor die Chance verflogen ist.

Besonderes Ziel sollte es sein, die Telefonnummer oder die E-Mail-Adresse der Schönheit zu erlangen, schließlich ist man nicht auf einen ONS aus – nicht, wenn es eine Traumfrau ist!

Der Anmachspruch muss daher sehr gut und nicht abgespackt sein. Er muss sie neugierig machen. Zum Beispiel mit einer These, die sie hinterfragt. Da man schnell weg muss, benötigt man also ihre Kontaktdaten, um ihr die These dann (per Mail oder bei einem Kaffee) genauer zu erklären. (Zum Beispiel: Er: „Es stimmt also, was man über Schwarzhaarige (Rothaarige/Blondinen) erzählt?" Sie: „Was erzählt man denn?". Da sie dies etwas genervt fragen wird, muss der Mann hier seine ganze Charmeoffensive darbieten! Er „Wenn Sie es nicht wissen, werde ich es Ihnen auch nicht sagen! Außer Sie sagen mir Ihren Namen" usw.). Wichtig ist, dass sie selber ihre Kontaktdaten in das Handy des Mannes eingibt. Dies vermittelt ihr ein Gefühl von Vertrauen.

Und, egal wie attraktiv die Frau ist, die Frau wird trotzdem angesprochen. Denn, wie bereits erwähnt, werden viele attraktive Frauen von Männern aus Angst vor einer Abfuhr nicht angesprochen.

Der nächste Schritt erfordert Geduld. Sind die ersten Flirtereien per SMS oder E-Mail ausgetauscht, geht es auf ein Treffen zu. Am besten „spontan". Natürlich hat er sich sehr gut darauf vorbereitet und seine Einladung ist alles andere als „spontan". Für sie kommt es allerdings als spontane Aktion rüber, wenn er sie per Anruf auf einen Kaffee ganz in der Nähe ihrer Wohnung innerhalb der nächsten Stunde einlädt. Hat sie keine Zeit an dem Tag, muss der Mann weiterhin standhaft, aber auch zurückhaltend bleiben. Vielleicht klappt es nächstes Mal auf ein Eis oder ins Kino? (Bitte darauf achten, dass keine „Frauenserien" im Fernsehen laufen). Beim ersten Date ist weiterhin Zurückhaltung geboten. Interesse zeigen, zuhören, flirten. Keine (dummen) Anmachsprüche. Thema Sex: tabu! Schließlich will er ihr zeigen, dass sie nicht nur eine Bettgeschichte für ihn ist. Abschiedskuss? Eventuell. Aber nur am Ende und nur, wenn sie anfängt. Besser: Abschiedskuss auf die Stirn!

Aufdringlichkeit wirkt auf Frauen sehr abschreckend! Zurückhalten kann nur ein echter Gentleman. Die Frau wird begeistert, neugierig und interessiert sein.

Beim zweiten oder dritten Treffen kann dann schon ein richtiger Kuss fallen. Bei ihm und bei dem weiteren Verhalten ist es wichtig, dass er selbstsicher ist. Er darf sich nicht verunsichern lassen. Auch wenn sie ihm öfters Absagen für weitere Dates erteilt (Achtung! Nicht aufdringlich sein! Wenn man eine Absage erhalten hat, dann erst wieder nach 3-4 Tagen anfragen. Vielleicht hat sie gerade Stress oder andere Dinge im Kopf).

Bei jeder Aktion, die er durchführt, sollte er allerdings sich selber treu bleiben. Geht etwas gegen seine Prinzipien, ist dies zu vermeiden. Wenn es wirklich eine Traumfrau ist, wird sie es verstehen. Denn ebenso wird sie merken, wenn es sich verstellt oder eine gewisse Sache nur aus Imponiergehabe oder aus einem Gefallen heraus tut. Daher sollte er immer natürlich bleiben und sich stets wohl fühlen (Frauen merken sofort, wenn etwas faul ist!). Und wenn kein Gesprächsthema gefunden wird, so schweigen sich beide eben an. Aber dies kann auch sehr angenehm sein. Bloß nichts erzwingen!

Der wichtigste Punkt für ihn und seine Traumfrau ist, dass er stets ehrlich sein sollte. Egal was passiert. (Frauen merken alles. Und ist das Vertrauen einmal verspielt, wird er es nur sehr schwer wiedererlangen).

Anturner #23

Einige Frauen wollen interessanter wirken und offenbaren sich nicht sofort, bzw. versuchen ihre Lust (und auch Geilheit) bei bestimmten Berührungen des Mannes zurückzuhalten. Krampfhaft. Trotzdem sollte er weitermachen. Denn gerade dieser innerliche "Kampf" zwischen sich-gehen-lassen und Zurückhaltung erregt Frauen umso mehr.

Der Mann redet dabei nicht und fordert die Frau auch nicht auf, sich zu entspannen. Stattdessen macht er einfach weiter und beobachtet, die sie in einen anderen Zustand entgleitet.

Selbstsicherheit ist das neue Sixpack

Selbstsicherheit ist sehr wichtig, nicht nur beim Flirten. Besonders auch bei Dates. Und, Selbstsicherheit kann man üben. Zum Beispiel sollte man sich die Aufgabe stellen, innerhalb eines Abends, eine gewisse Anzahl von Frauen anzusprechen. Mindestens sieben. Aber nicht nur einfach ansprechen, sondern ihnen einfach nur ein Kompliment machen, sie anlächeln und gehen. Bsp. „Hallo, ich wollte dir einfach nur mal sagen, dass du ein wunderschönes Kleid an hast / du sehr sexy tanzen kannst." Bitte keine plumpen Sprüche! Und nur dieses Kompliment, ein Lächeln, ggf. eine Verabschiedung („schönen Abend dir noch") und dann umdrehen und weggehen. Und es werden sicherlich noch die eine oder andere Frau auf den Mann zukommen, nachdem sie ein Kompliment – einfach so – erhalten haben. Diese Kontaktaufnahme seitens der Frauen sollte der Mann für ein unverbindliches Gespräch nutzen. Nichts ist interessanter als ein geheimnisvoller Mann, der nicht offensiv zeigt, dass er nur eine Bettgeschichte sucht!

Bei dem Kompliment schaut der Mann der Frau in die Augen. So weiß sie, dass sie gemeint ist und dies nicht nur ein Aufreißerspruch ist. (Auch wenn dem ggf. so ist. Aber das muss sie ja nicht wissen).

Und, wie bei allen Dingen: Übung macht den Meister. Allerdings sollte man diese Übungen in unterschiedlichen Locations ausüben, nicht dass der eigene Ruf einem voraus eilt.

Zudem gewinnt man Zuversicht und lernt mit seinen eigenen Worten und Gesten umzugehen und was die eigene Körpersprache bewirkt.

Anturner #24

Sanft über die harten Nippel hauchen und diese dann streicheln.

Dicke Dinger

Nicht nur in alten Kasernen wussten die Seemannsleute es. Armdrücken ist sexy. Und wer beim Armdrücken gewinnt, erobert auch gleich die Herzen der anwesenden Frauen.

Hier gewinnt aber nicht nur der, mit den dicksten Oberarmen.

Das Grundlegende ist, sich breitbeinig an den Tisch zu setzen. Hierdurch bekommt man einen festen Sitz. Der restliche Weg zum Sieg ist „lediglich" Physik, oder auch als „Hebelwirkung" bekannt.

Der eigene Arm wird dabei so nah wie möglich am eigenen Körper gehalten. Die Hand des Gegners wird möglichst weit oben ergriffen. Das eigene Handgelenk bleibt gerade um das des Gegners möglichst schnell umzubiegen.

Beim Drücken wird der Arm des Gegenübers langsam zu sich heran gezogen. So verliert dieser an Kraft in seinem Drücken. Anschließend kann der gegnerische Arm mit einem Schwung auf die Siegerseite gedrückt werden.

Hiernach ist eine Revanche unbedingt zu vermeiden, weil der Gegner diesen Trick schnell durchblickt.

Und wenn es doch nicht wirkt?

Ein ehrlicher und stolzer Verlierer wirkt viel attraktiver auf Frauen also ein Machogewinner.

Anturner #25

Sie nicht zu Wort kommen lassen.

Fragen, was sie will, sie dabei allerdings mit den Fingern an erogenen Stellen berühren. Wenn sie antworten will, worauf sie Lust hat, die erogene Stelle heftiger stimulieren oder die Frau auf ihre Lippen küssen. Dann wieder fragen, was sie will, aber die Antwort mit den gleichen Techniken unterbrechen.

Heulsusen

Frauen sind meist emotionaler als Männer und daher auch oft näher „am Wasser" gebaut. Nur was soll Mann tun, wenn die Partnerin in Tränen ausbricht? In den Arm nehmen, weiterhin den starken Ritter spielen oder lieber Mitgefühl zeigen?

Es gibt drei unterscheidbare Arten von Heulerei bei Frauen.

Filme, Musik etc. können Tränen der Empathie hervorrufen. Hier ist die klassische starke Schulter des Mannes gefordert. Einfach anlehnen lassen und sie zärtlich (nicht erotisch) streicheln.

Und wenn kein Film an den Tränen der Partnerin Schuld ist? Dann liegt es vielleicht daran, dass ihr ein Unglück widerfahren ist. Auch hierfür ist die klassische starke Schulter das non-plus-ultra. Zudem sollte er zuhören, was sie so unglücklich macht. Allerdings ist es besser, wenn der Mann hier keine gut gemeinten Ratschläge unterbreitet. Lieber auf die beste Freundin etc. verweisen.

Die schwierigsten Tränen sind jedoch diejenigen, die der Mann „hervorgerufen" hat. Sei es durch einen Streit, Enttäuschung, Eifersucht oder oder oder. Für Frauen gibt es teilweise unzählige Gründe für ihren Gefühlsausbruch. Doch was kann der Mann hier tun um die Heulerei der Partnerin zu stoppen? Am besten sollte er sich zu seiner Schuld bekennen, eine herzzerreißende Liebeserklärung hinterherschieben und ihr dann versuchen ein kleines Lächeln auf die Lippen zu zaubern. (Auch wenn der Mann keine Schuld hat, aber es reicht ja, wenn er es selber weiß und somit zumindest das Szenario stoppen kann).

Anturner #26

Sekt oder Ähnliches nicht nur aus dem Bauchnabel sondern auch aus ihrer Beuge im Hals (am Schlüsselbein) trinken.

Hindernislauf: erstes Date

Erste Dates sind immer schwierig. Zum einen weiß man nicht, wie man sich verhalten soll. Zum anderen ist es schwer, die Körpersignale der Frau richtig zu deuten. Sind die verschränkten Arme negativ gemeint? Ist sie genervt? Langweile ich sie? Rede ich zu viel?

Tausend Fragen gehen einen durch den Kopf. Männern und Frauen gleichermaßen. Meistens sind es sogar dieselben Fragen. Angefangen von „Mag er mich?" über „Sehe ich gut aus?" „Sitzt alles?" und „Wie küsst er/sie bzw. wie ist er/sie im Bett?"

Vieles würde das Miteinander vereinfachen, wenn man hellsehen und die Signale richtig deuten könnte. Dies ist leider ein Wunschtraum. Zum Beispiel die verschränkten Arme. Normalerweise ist dies ein Signal der Ablehnung, Desinteresse oder Skepsis. Das stimmt nicht immer. Viele Frauen wissen schlichtweg einfach nicht wohin mit ihren Händen, solange es keine andere Möglichkeit gibt (Festhalten eines Glases oder einer Zigarette bspw.). Zudem ist es auch eine Gewohnheit von Frauen, die Arme zu verschränken und ist überdies wesentlich entspannter und beruhigender, wenn sie nervös an ihrer Kleidung oder einer Haarsträhne rumspielt. Sind ihre Antworten eher einsilbig und sehr kurz, können die verschränkten Arme klar als Desinteresse gedeutet werden.

Wie bereits erwähnt, sind leichte, eher zufällig wirkende Berührungen besonders beim ersten Date wichtig und zielführend. Um allerdings zu testen, ob ein anderweitiges Interesse bei der Frau besteht als nur die Einladung zum Essen, kann der man einen kleinen Trick anwenden.

Hierfür legt er einen Fussel oder einen kleinen (!) Faden auf seine Schulter, nachdem er kurz zur Toilette verschwunden ist. Dieser Faden sollte nicht so auffällig sein, sondern dezent und dennoch für einen aufmerksamen Beobachter (in dem Fall SIE) sichtbar. Sobald der Mann zurück ist, wird sie, bei körperlichem oder weitaus größerem Interesse, den Faden von der Schulter sanft entfernen. Sollte dies allerdings nicht der Fall sein und auch eine Anmerkung bezüglich diesen Fussels entfällt, so hat die Dame eher kein oder ein sehr geringes Interesse an dem Mann. (Schließlich ist es ihr dann egal, wie er rumläuft).

Nun ist die Körperhaltung der Frau ebenso wichtig, wie ihre Körpersprache. Nachdem die erste Nervosität überwunden ist, lockert sich die Haltung der Dame. Sie entspannt und wirkt offener. Schaut sie aber zu oft in der Gegend herum oder zur Tür rüber und ist dabei ihr Rumpf eher von dem Mann abgeneigt, so ist dies als Abneigung zu deuten. Weitere Zeichen von Abneigung sind hochgezogene Augenbrauen, Reiben an der eigenen Stirn, abwertende bzw. abschätzende Mimik, verkrampftes Lächeln, Meiden von Augenkontakt sowie kurze und knappe Antworten, die auch nichts über das Gegenüber aussagen.

Frauen, die sich wohlfühlen und mit dem Mann flirten, streichen sich öfter durch ihr eigenes Haar, oder spielen mit einer Haarsträhne. Sie neigen sich mit dem Oberkörper in Richtung des Gesprächspartners, Lachen viel (und mit den Augen), suchen den Augenkontakt sowie Körperkontakt, hören dem Mann zu und schauen nicht jede paar Minuten auf die Uhr oder das Handy.

Ob ein größeres Interesse bei der Frau aufkommt, hängt auch vieles von dem Auftreten des Mannes ab. Es gibt Dinge, auf die ein Mann unbedingt vor dem ersten Treffen achten sollte: Mundgeruch, offener Hosenstall, zu viel Ehrlichkeit („Ich bin kein Gentleman", „Ich bin untreu", „Ich bin starker Kettenraucher", „Ich trinke jeden Tag mind. 6 Flaschen Bier [oder anderen Alkohol]", „Ich habe jeden Tag mit einer anderen Frau Sex", „Ich bin untreu", „Ich hatte seit Monaten keine Frau"), zu viel Parfum /Aftershave, zu viel oder auch zu wenig gestylt.

Sind die wichtigsten, offensichtlichen Fettnäpfchen eliminiert, so kommt es zu der zweiten großen Stolperfalle bei Dates: Gesprächsthemen. Worüber spricht man? Was darf man fragen? Was soll vermieden werden?

Offensichtlich ist, dass Expartner nicht zu thematisieren sind. Eine Frau will nicht wissen, wie die Damen vor ihr waren bzw. womit sie in Konkurrenz steht. Ebenso will der Mann auch nichts über ihren Exfreund erfahren. Dieses Thema sollte daher dringend vermieden werden. Spricht sie allerdings ununterbrochen von ihm oder thematisiert sehr häufig ihre vorherige Beziehung („Mein Ex und ich haben das gerne gemacht", „Mein Ex findet das gut" usw.), sollte das Date mit der Frau mit Vorsicht genossen werden. Ist der Zweck des Treffens ein ONS: weitermachen. Hat ein Mann bei der Frau ernstere Absichten, sollte er die Finger von ihr lassen, da sie offensichtlich noch nicht über ihre vergangene Beziehung hinweg ist und nur einen Notanker bzw. einen Tröster sucht. Diese Frauen sind zudem emotional unausgelastet und neigen zu ständigem Vergleich der aktuellen mit der vergangenen Beziehung. (gegebenenfalls auch beim ONS!)

Beide Partner wollen also einen sozusagen frischen und unverbrauchten Flirt, der weder von seinen Erfahrungen („Das habe ich alles schon gemacht" oder „Ich kann dir Dinge zeigen, die noch nie jemand mit dir gemacht hat". Letztere Aussage ist für einen ONS allerdings sehr verführerisch) oder mit seinen Eroberungen prahlt noch ständig über seine vergangenen Beziehungen philosophiert.

Um das große und meist unangenehme Schweigen zu unterbrechen, können bestimmte Dinge unbedacht vom Mann angesprochen werden. Hierzu zählen die Frage nach dem Tag („Wie war dein Tag?") oder nach Urlaubszielen („Warst du schon mal in …?" „Wo warst du zuletzt im Urlaub?"). Weitere gute und die Situation auflockernde Gesprächsthemen sind Filme, Träume, Tiere, Geschwister, Heimat, Hobbies, Schulzeit, Essen oder Trinken. Diese Themen regen die Frau an, mehr über sich zu erzählen – und Frauen reden sehr gerne über sich. Wiederum sollte der Mann hierbei nicht nur auf die Zuhörerbank sitzen, sondern ebenso auch Dinge von sich selber Preis geben. Ist die Frau nicht (zu) selbstverliebt, wird sie an bestimmten Stellen auch nachhaken und ihm anschließend interessiert zuhören.

Um die Meinung der Frau bei heiklen Themen in Erfahrung zu bringen und sie somit besser einschätzen zu können, gibt es eine besondere Methode, die Geschichte eines Freundes zu erzählen. Der Mann wirkt vorher etwas nachdenklich bzw. so als ob er gerade an eine Geschichte denkt. Anschließend kann er seine Frage gekonnt einleiten mit „Mir ist gerade in den Sinn gekommen, was ein Freund mir bei unserem letzten Treffen erzählt hat. (Er wolle nur noch ONS haben und erst einmal sein Leben genießen ohne Verpflichtungen eingehen zu müssen)". Je nach Reaktion der Frau, kann der Mann dann intervenieren: „Recht hat er!" oder „Er sollte langsam einmal erwachsen werden, weil er gar nicht weiß, was er dadurch verpasst! (Zum Beispiel so schöne und charmante Frauen wie dich)". Diese Methode sollte allerdings nur sehr sparsam eingesetzt werden, da sonst selbst die naivste Frau diesen Trick durchschaut Trick.

Eines der wichtigsten, unausgesprochenen Themen beim Ersten Date ist die Rechnung. Auch wenn es Oldschool ist, so zählt es doch noch immer zur Etikette, wenn der Mann die erste Rechnung beim ersten gemeinsamen Date ohne Zögern zahlt. (Ausnahme. Zu teures Essen. Dann kann die Rechnung geteilt werden.). Sollte sie auf das Bezahlen besten, so kann er ihr mit dem Satz „Nächstes Mal lasse ich mich gerne von dir einladen. [Heute darfst du dich eingeladen fühlen.]" zusätzlich punkten.

Und danach? Hier zeigen die Körpersignale der Frau die richtige Taktik an. Sind diese gänzlich uneindeutig, so kann er frech und zugleich schüchtern fragen, z. B. ob er sie küssen darf.

So steht einem erfolgreich endenden ersten Treffen nichts mehr im Weg.

Anturner #27

Sie mit intensiven, lustvollen Blicken ausziehen.

Anturner #27 a

Sie soll ihn beobachten, während er sich langsam auszieht und nur mit ihren Augen ihm zeigen, was er als nächstes ausziehen soll und wo er sich anschließend anfassen soll (kleine Flirtübung).

Hitliste der Männer-Skills

Frauen stehen augenscheinlich auf gutaussehende und starke Männer, die sie beschützen. Das ist nicht alles und auch nicht der Kernpunkt. Vieles entscheidet sich beim ersten Treffen. So kann doch der attraktivste Mann ganz schnell bei der Frau unten durch sein.

Wie ist dies möglich?

Frauen stehen in erster Linie auf Vertrauen, Leidenschaft und Humor.

Ist der Mann nicht vertrauenswürdig, wird sie vermutlich nicht einmal mit ihm ins Bett steigen. Wer möchte schon eine fremde Person, der er misstraut, mit nach Hause nehmen oder mit ihm mitgehen? Auch bei einem ONS möchte eine Frau das Gefühl von Sicherheit und Vertrauen spüren. Zudem lässt sie sich so beim Sex auch wirklich fallen ohne mysteriöse Machenschaften fürchten zu müssen.

Wichtig ist neben Vertrauen, die Leidenschaft. Ist der Mann mit Körper und Seele bei einer Sache dabei, und nicht nur bei seinem Lieblingsfußballclub, sondern auch bei dem Gespräch mit der Frau, projiziert sie dies auf spätere gemeinsame Bettgeschichten mit ihm.

Diese bisher genannten Eigenschaften bringen allerdings nichts, wenn der Mann faul und ziel- bzw. planlos ist. Das Zauberwort ist Erfolg. Dieser wirkt sich nicht nur beim Thema Karriere aus, sondern äußert sich auch, wenn er kreativ, diszipliniert, fleißig und geduldig ist. Dies vermittelt der Frau, dass der Mann sein

Leben in der Hand hat und weiß, wovon er redet und sich seiner bewusst ist.

Eine Eigenschaft, die den Erfolg noch übertrumpft, ist Humor. Bringt ein Mann eine Frau zum Lachen (hiermit ist ein ehrliches und herzhaftes Lachen gemeint), so öffnet dies Türen (oder zumindest die Tür zu ihrem Interesse).

Wenn er sie nun zum Lachen gebracht hat und die Funken zu fliegen anfangen, sollte er auch einige Komplimente äußern (Achtung: sparsam mit Komplimenten umgehen und sie nur äußern, wenn sie ehrlich gemeint sind. Eine Frau durchschaut die Taktik schnell.).

Weitere Punkte sind der Umgang mit Mitmenschen, sei es der Kellner oder ein anderer Gast, der sich vorbeischlängelt, Etikette, Intelligenz und Optimismus.

Viele dieser Eigenschaften können erlernt werden (Leidenschaft, Humor, Optimismus etc.). Somit hat ein Mann die Steigerung seiner Chancen selber in der Hand.

Anturner #28

Reibung des Penis zwischen ihren Oberschenkeln oder Unterschenkeln ggf. auch unterm Kinn. Hauptsache: viel Gleitgel.

Like a PUA

Pick-up-Artists werden immer bekannter und ihre Anhängerzahl wächst täglich.

Sicherlich verbergen sich hinter den – vor allem Online- -Treffs und –veranstaltungen nicht immer seriöse Machenschaften. Viele sind auch dort einfach nicht ehrlich sondern prahlen mit ihren Tagträumen und Ausschweifungen; denn wer eine Frau noch am selben Abend ins Bett bekommt, erhält auf der Score die höchste Punktzahl und steigt auf. Es ist also ein Onlinebattle, das keiner wirklich beweisen kann, da es auf Ehrlichkeit beruht - die viele Männer mit zu hohem Geltungsdrang ausnutzen.

Die wichtigsten – und auch wirksamen – Regeln sind u. a. der Frau zuzuhören und so tun, als interessiere man sich für ihre Geschichten. Zusätzlich noch mit geschickt platzierten Flirtstrategien, wirken diese mit einer ziemlich hohen Sicherheit. Allerdings eher bei kleinen „Mädchen" bzw. unerfahrenen und naiven Frauen.

Eine richtige Frau braucht etwas mehr als Sätze wie „Weißt du, ich glaube, die meisten Leute bekommen einen völlig falschen Eindruck von dir. Du magst äußerlich etwas kühl erscheinen. Aber in Wirklichkeit bist du viel sensibler als Alle glauben." Keine Frau wird gerne als Sensibelchen tituliert. Zudem sollte der Mann hinzufügen, dass er diese Einschätzung durch das erfolgte Gespräch erlangt hat a la „Aus der Distanz betrachtet, wirkst du vielleicht etwas kühl. Aber jetzt, aus der Nähe und wo ich dich etwas kennenlernen durfte, denke ich, dass du auch sehr einfühlsam bist." Klingt viel besser und nicht ich abwertend –

und zieht zudem auch bei nicht ganz so naiven Frauen, weil die Eroberung dadurch das Gefühl bekommt, ihr wird zugehört.

Der zweite Satz, welcher durch die Gegend fliegt, ist „Ich denke, es ist dir sehr wichtig, dass andere dich schätzen. Aber eigentlich bist du doch sehr selbstkritisch und manchmal fast ein bisschen zögerlich". Bitte?! Keine Frau will hören, dass sie zu viel Wert darauf legt, was andere von ihr halten. Zumindest würde sie es nie zugeben, denn es wirkt sehr oberflächlich und unselbstsicher sowie unselbstbewusst. Und welche erwachsene Frau will derartig wirken?

Wenn die frau bei dem Gespräch teilweise abwesend oder in Gedanken versunken wirkt, kann dies entweder daran liegen, dass sie kein Interesse an dem Mann hat oder nicht in Flirtlaune ist. Nicht in Flirtstimmung zu sein, ist relativ selten bei Frauen – besonders wenn sie mit Freunden ausgehen. Wie bereits bekannt ist, gehen die Damen häufig nur aus, um Bestätigung zu bekommen und ihr Selbstbewusstsein aufzupolieren. Falls der Mann das Gefühl hat, ihr liegt tatsächlich etwas auf dem Herzen, wird dies am besten einfühlsam angesprochen „Du wirkst etwas abwesend oder in Gedanken versunken. Kann es sein, dass dir etwas auf dem Herzen liegt oder du von bestimmten Gedanken nicht loskommst?" Zusätzlich kann Ablenkung angeboten werden oder einfach, dass die Dame in Ruhe gelassen wird, gegebenenfalls sogar mit dem Nachsatz, darauf zu achten, dass sie nicht weiter belästigt wird, falls sie das wünscht.

Letztens kam auch folgender Satz auf „Du hasst Geheimnistuerei. Wenn jemand versucht, dir etwas vorzuenthalten, lässt dir das so lange keine Ruhe, bis du es herausgefunden hast." Zugegeben, Frauen sind sehr neugierig und wollen wissen, was los ist. Und ja, Frauen werden schnell sauer, wenn ihnen Informationen vorenthalten werden. Aber keine würde dies vor einem Mann zugeben. Sie wollen vor ihm wirken, als seien sie anders als alle Frauen. Weder zickig noch tussig noch gibt es Ambitionen zur Stalkerin. Mit diesem Satz wird aber der Auserwählten unterstellt, dass sie ständig nachhakt und rumschnüffelt, sobald sie nicht in Gespräche involviert ist. Eine gestandene und selbstbewusste Frau steht (äußerlich) darüber und würde dies daher niemals zugeben. Vor allem gegenüber einem Flirt.

Natürlich gibt es auch Sprüche, die etwas besser sind. Hierbei liegt die Betonung allerdings auf etwas. Ein Beispiel hierfür „ich spüre, dass du ein skeptischer Mensch bist und nicht jedem vertraust, weil du schon schlechte Erfahrungen gemacht hast. Aber wenn du dich öffnest, dann bist du die beste Freundin, die man sich wünschen kann.". Wünscht sich die Dame gegenüber einen alternativen und esoterisch angehauchten Mann, ist der Spruch bestimmt sehr wirksam. Aber welche Frau möchte beim ersten Date einen Mann, der „spürt", dass die Frau skeptisch ist. Wie bereits erwähnt, sollte er betonen, dass er dieses Fazit auf Grund des gemeinsamen Gespräches geschlossen hat. Auch sollte er nicht betonen, dass sie sich öffnet, sondern dass ihre Offenheit eher auf Vertrauen und die Dauer des Kennens beruht.

Es gibt drei wichtige Dinge beim Aufreißen: die Frau respektieren, Frauen lieben (ihre Körper, ihre Art usw. und sie nicht als Fickstück zu sehen – auch wenn es der einzige Beweggrund ist), und sich beim Flirten nicht zu sehr verstellen bzw. keine zu abwegige Rolle spielen. Denn Frauen kommen schnell dahinter.

Anturner #29

Ihre Nippel durch ihr T-Shirt reiben, bis sie steif werden.

Anziehungspunkt

Lernt man eine Frau kennen, sollte er sich nicht gleich ins Feuer für sie stürzen. Es muss erst ein gegenseitiges Interesse und eine gewisse sexuelle Spannung aufgebaut werden, damit es anschließend Schritt für Schritt weitergehen kann.

Denn ein trauriger Fakt menschlicher Psyche ist, dass wir nicht mehr wollen, was wir leicht haben können. Das bedeutet, sich rarmachen, allerdings nicht zu sehr. Mann darf sich nicht verkriechen, sondern muss für die Eroberung interessant bleiben; sie soll neugierig auf mehr werden. Interesse bei einer Frau auszulösen ist unglaublich wichtig. Doch wie erzeugt man Interesse bei der Frau? Durch Anziehung. Allerdings ist Anziehung nie logisch. Es gibt keine festen Regeln dafür, nur ein paar Tipps. Was nicht funktioniert ist, wenn der Mann der Frau viele Gefallen tut, Geschenke unterbreitet und sich anderweitig „aufopfert". Diese Dinge müssten wohl dosiert werden. Denn je mehr der Mann in die Frau investiert, desto eher fühlt er sie sich zu ihr angezogen. Das ist allerdings eine einseitige Anziehung. Sobald ein Mensch sich um etwas vermehrt kümmert und investiert, entstehen Empfindungen und eine vermehrte Fürsorge.

Der Spieß muss also umgedreht werden.

Außerdem ist diese Masche keine direkte Manipulation an der Frau, sondern appelliert an ihre weiblichen „Instinkte". Ihre Fürsorge und Hilfsbereitschaft: Sie um ein Feedback bitten. Sei es im Bereich Arbeit oder Studium. Sobald er sie um ihre Meinung zu gewissen Themen fragt oder Dingen, die er ausgearbeitet hat, entsteht eine Verbundenheit. Sie involviert sich an seinem Leben und lernt den Mann zusätzlich noch näher kennen.

Pluspunkt 1: Die Frage nach ihrer Meinung ist ein guter Grund für eine Kontaktaufnahme oder ein erneutes Treffen. Außerdem kann die Arbeit von ihm als Notlösung bei peinlichen Schweigemomenten genutzt werden.

Pluspunkt 2: Durch die Weckung ihres Interesses und die natürliche, weibliche Neugierde, wird sie sich nach dem Ergebnis der Arbeit erkundigen.

Anturner #30

Als Überraschungsgeschenk: ein Sexspielzeug.

Let me be your Valentine

Valentinstag ist der Tag für Pärchen. Und auch, wenn die Frau es verneint, sie will eine kleine Aufmerksamkeit haben. Denn, jede Frau hat in sich eine kleine Prinzessin.

Was gar nicht geht, sind Schokopralinen in Herzform, am besten noch von der Tankstelle, und alles andere, was man derartig im Supermarkt kaufen kann. Es ist unkreativ und zeugt von Einfallslosigkeit.
Ausnahme: die Pralinen sind entsprechend präsentiert. Zum Beispiel als Dessert auf einen Teller mit mundgerechten Obststücken und Vanilleeis.

Auch Gummibärchen und ähnliches Gummigetier können diesen Effekt hervorrufen. Diese können allerdings auch gut auf dem Körper der Liebsten drapiert und anschließend sanft mit den Lippen von diesem abgenommen werden. Ein süßer Gummitierchenkuss sozusagen.

Eine weitere Geschenkidee ist ein mit Helium gefüllter Herzluftballon. Zwar hält dieser nicht ewig, aber wann bekommt frau schon einen Luftballon, der ihr noch einige Tage im Zimmer schwebend den Kopf verdreht? Zusätzlich kann noch eine romantische Botschaft den Luftballon verzieren (bitte darauf achten, dass der Stift nicht verschmiert oder abfärbt, sonst hat die schöne Idee einen schlechten Beigeschmack).

Falls die Dame des Herzens eine Sicherheit liebende Frau ist, die alles gerne schwarz auf weiß hätte, kann Mann auch ein T-Shirt entwerfen, auf dem zum Beispiel „YOU are my valantine" oder Ähnliches steht. Das kann er am 14.02. dann anziehen, ihr im passenden Moment präsentieren und von ihr ausziehen lassen.

Hat sie einen Hinterhof und ein Fenster zum Hinterhof, ist ebenfalls eine schöne Idee, dort einen Herz aus Teelichter vorzubereiten und ihr dieses Lichterherz zu präsentieren.

Eine weitere Idee: Anstatt sie am 14.02. zu überraschen, tut es auch ein Sektfrühstück am 15.02. Hierzu müssen allerdings vorab einige Dinge vorbereitet werden, damit es nicht als „Hoppala, vergessen! Ich besorge schnell etwas"-Notlösung aussieht.

Auch eine nette Idee ist ein Spaziergang oder ein Parkbesuch. Dabei zieht der Mann „plötzlich" eine Rose aus dem Gebüsch, die er vorab dort versteckt hat. Allerdings besteht hier das Risiko, dass die Rose ggf. nicht mehr da ist. Anstelle der Rose kann er aber auch mit Kreide eine Liebesbotschaft auf die Straße geschrieben haben, wo die beiden Turteltauben „zufällig" vorbeigehen.

Überraschungseffekt ist garantiert.

Meistens ist am Valentinstag nicht die Haltbarkeit des Geschenkes wichtig, sondern die Kreativität und der Überraschungseffekt.

Anturner #31

Während der Autofahrt an der Innenseite ihrer Schenkel reiben.

Schwing deinen Speck

Frauen stehen auf Männer, die tanzen KÖNNEN. Die Betonung liegt auf können. Es gibt viele Männer, die glauben, ein begabter Tänzer zu sein. Meistens sind sie es nicht. Außer es ist ihr Beruf oder sie haben mehrere Kurse besucht.

Nichts wirkt attraktiver auf eine Frau, als ein Mann, der sich weiß zu bewegen. Geschmeidige Bewegungsabläufe sind sehr wichtig, weil dies eine Frau schon aus der Entfernung wahrnimmt (sein Gang, seine Haltung), bevor sie das Äußere des Mannes erkennt. Die Bewegung, die Geschmeidigkeit im Gang und die Ausstrahlung beeinflussen schon den ersten Eindruck und somit die komplette Erscheinung.

Ein Tipp für Männer ist also, einen Tanzkurs zu besuchen. Keine Standardtänze, sondern lateinamerikanische Tänze sollte er lernen, bei denen man die Hüfte bewegen muss. Die Lockerung der Hüfte (besonders bei Männern, die in Fitnessstudios ihre Muskeln stählern) ist wichtig, nicht nur beim Gang, sondern auch beim Sex. Frauen sehen sofort, ob der Mann dort „geschmeidig" ist und schließen dadurch auf sein Können im Bett.

Hat er den Kurs erfolgreich absolviert, geht es zum Tanzen.

Tanzende Männer in Clubs sind wirklich nur attraktiv, wenn sie es wirklich können und nicht durch ihr Herumhampeln die Aufmerksamkeit auf sich ziehen. Sollte dennoch eine sehr attraktive Frau auf ihn zukommen, kann dies entweder ein Mitleidsflirt sein oder um ihn weiter zu verarschen („Ha ha, er denkt er sei toll. Dann tu ich mal so als ob ich ihn total heiß finde und nutze das aus!" Sorry, aber manchmal sind einige Frauen so.)

Besser ist, wenn er sich leicht zum Takt bewegt, sodass sie eine Vorahnung von seiner Bewegungsfähigkeit bekommt. Wurden die ersten Blicke mit einer Frau ausgetauscht, sollte er auf sie zugehen (falls sie es nicht tut) und mit ihr tanzen.

Erst zaghaft beginnen, dabei etwas Distanz wahren, anschließend immer näher kommen. Anfassen ist ein Muss. Aber bitte nur an den Hüften. Erst wenn es leidenschaftlich wird, können die Hände auf ihren Po gleiten. Es ist immer wichtig, nichts zu überstürzen, aber auch nicht zu zaghaft zu sein. Die Frau soll schon spüren und merken, dass er sie will.

Ist der Tanz eng genug, muss es heiß hergehen. Die Bewegungen der beiden Körper sollten sich angleichen und der Ablauf sollte weich erfolgen, damit sie eine Vorstellung davon bekommt, was sie im Bett erwartet. Dabei nicht mit der Hüfte gegen ihren Po hauen (wie beim Sex „bangen"). Lieber die Hüfte die ganze Zeit mit dem gleichen Druck an ihren Po oder ihren Unterbauch drücken und einheitliche Bewegungen nach vorne, nach hinten, oben und unten durchführen. Die Hand auf ihrem Po kann diesen Bewegungsfluss unterstützen.

Heiße Küsse sollten während des Tanzens nicht vergessen werden. Dieser Austausch von Körperflüssigkeiten findet am besten erst statt, wenn sie schon sehr heiß auf den Mann ist. Dadurch wird die sexuelle Spannung aufrechterhalten. Außerdem beenden heiße und wilde Küsse meistens den Balztanz und leiten die nächste Stufe ein.

Anturner #32

Mit der Zunge über ihren feuchten Slip fahren, der an ihrer Muschi klebt.

Verführerischer Flirt

Flirten ist eine Sache. Die andere ist das Verführen. Dabei hat die Verführung einer Frau nur eine Absicht: mit ihr zu schlafen. Flirts wiederum können verschiedene Ausgänge haben.

Beim Flirten zum Verführen ist es besonders wichtig, dass der Mann genau weiß, was er will bzw. dass er nur die Absicht hat, die Frau ins Bett zu bekommen. Dieses Wissen strahlt Selbstsicherheit und Selbstbewusstsein aus. Zudem ist es leichter beim Flirten. Sobald man merkt, dass der Gegenüber eher auf etwas anderes aus ist, kann das Gespräch problemlos abgebrochen werden – ggf. sogar mit der Bemerkung, dass man derzeit nur auf Sex aus ist. Souverän rübergebracht ist diese Unterbrechung eines Flirts auch nicht verwerflich.

Auch wenn es bei dem Flirt nur um Sex geht, sollte das Verführen nicht zu plump erfolgen. Die meisten Frauen stylen sich und gehen aus, um an dem Abend (oder einem darauf folgenden Abend) Sex zu haben. Das ist ein großer Unterschied zu Männern. Männern gehen weg, um Spaß zu haben. Frauen gehen weg, um Bestätigung zu erhalten – Bestätigung in Form von Flirts, Küssen, Sex.

Dieses Wissen kann der Mann sehr gut bei seinen Verführungsstrategien anwenden. Er weiß, dass die Frau sich intensive Überlegungen bezüglich ihres Stylings gemacht hat. Aber nicht nur, was sie nach außen hin trägt, sondern auch über ihre Unterwäsche ggf. sogar bis hin zu ihrer Intimfrisur. Anstatt also zu betonen, wie gut die Auserwählte aussieht, sollte der Mann Kleinigkeiten ansprechen. Sei es ein Schmuckstück oder der BH, dessen Träger hervorblitzen, aber trotz allem gut zu dem Top passen, oder ihre Haare, welche ihr Gesicht oder Schultern streicheln. Auf diese Bemerkungen sollte ein Kompliment sowie ein gut kombinierter Anmachspruch folgen. (Bsp.: „Deine Haare sehen sehr gepflegt und weich aus. Es muss sich toll anfühlen, sie auf der Haut zu spüren. Wie Streicheln."). Hierdurch werden gleich Bilder in dem Kopf des Gegenübers aktiviert. Die Dame stellt sich nun im Kopf nackte Haut vor, die gestreichelt wird. Entweder ihre eigene oder die des Mannes. Dieses Bild im Kopf weckt bei ihr das Bedürfnis, etwas berühren zu müssen; aus diesem Grund werden ihre Blicke entweder zu seiner Hand, seinem Arm oder an sich selber herunter wandern. Eine leichte, zufällige Berührung von ihm aus, kann nun das erste Eis brechen.

Der Mann sollte nun weiterhin die Sinne der Frauen ansprechen. Zum Beispiel den Geschmackssinn- Dies gelingt am Leichtesten, wenn er von einem leckeren Gericht redet. Da Frauen gerne naschen, sollte er vorzugsweise von etwas süßem wie Schokolade oder Eis reden. Die Erzählung muss so verführerisch und sinnlich klingen, dass ihr bei der Vorstellung das Wasser im Munde zusammenläuft. Ist dies der Fall, so wird sie sich die Lippen lecken. (Tipp: Da das Essen von Schokolade ähnliche Hormone hervorruft wie Sex, ist es ratsam, von zart schmelzender Schokolade zu sprechen).

Jetzt, wo die Bilder im Kopf der Frau ihr übriges tun, sollte er eine Pause einlegen, bei der er die Auserwählte nur ansieht, verführerisch anschaut, eventuell zufällig kurz sanft berührt. Allerdings ohne Worte zu wechseln. Ein kleines verführerisches Lächeln und darauf warten, dass sie etwas sagt. Das Schweigen erzeugt nämlich eine gewisse Spannung bei der Frau. Erzählt er ihr die Geschichten bildhaft genug, wird sie an seinen Lippen kleben.

Viele Männer begehen an diesem einen gewissen Punkt, bei dem sie ihrem Gegenüber ihre Absichten mitteilen, einen großen Fehler indem sie sich selber anpreisen „Ich zeig dir, was dir noch keiner zuvor gezeigt hat." Die Frau will erobert werden und als auserwähltes Ziel da stehen. Es muss sich also um SIE drehen. Besser ist es also, wenn der Mann erwähnt, dass er sie verführen oder sie kennenlernen und auf eine neue Art erfahren möchte. Die Frau muss spüren, dass sie bei der Nacht auf ihre Kosten kommt, ohne sich großartig bemühen oder anstrengen zu müssen und dabei die Befürchtung zu haben, zu kurz zu kommen („Ich möchte dich kennenlernen. Nicht nur in einem Gespräch. Ich möchte dich und deinen wunderschönen Körper erfahren und spüren.").

Beim Verführen gibt es vier wichtige Punkte. Der Mann sollte Selbstvertrauen und Selbstbewusstsein ausstrahlen und sich immer seiner Sache sicher sein. Die Location sollte ruhig sein und eine gute Atmosphäre haben. Sobald die Frau kein Interesse zeigt oder andere Absichten hat, heißt es, sich eine andere weibliche Spielgefährtin auszusuchen. Allerdings sollten nicht zu viele Frauen in der gleichen Location angesprochen werden. Viele Frauen beobachten die Männer den Abend über und bekommen deren Körbe daher ebenso mit.

Anturner #33

Eine Kochsession während der man mit dem Gemüse bzw. den Zutaten darstellt, was man später im Bett noch mit den Genitalien des anderen machen wird.

Risikoliebend

Um die Aufmerksamkeit eines Mädchens zu erlangen, reagieren seit Jahren alle Generationen gleich. Männer werden verrückt und agieren besonders risikofreudig. Risikofreudig? Ja! Sie haben ungeschützten Sex, Fahren sehr sportiv und verspielt.

All diese Dinge wirken allerdings eher unattraktiv auf das andere Geschlecht.

Klar, schon in der Steinzeit musste der Mann zeigen, dass er die Frau versorgen kann, stark ist und alles für sie tun würde, also hohe Risiken eingeht um sie zu beglücken. Diese Verhaltensmuster sind also irgendwie in der männlichen DNA verankert. Die Gesten haben aber nichts mehr mit der heutigen Zeit zu tun.

Auch wenn man verliebt ist, ist ungeschützter Sex ein no-go. Nicht nur wegen Geschlechtskrankheiten; auch weiß er ja nicht, ob sie (wirklich) die Pille nimmt. Vielleicht ist ihr Wunsch nach einem Kind und die Intention den Mann für immer an sich zu binden, derart groß, dass sie ohne sein Wissen nicht verhütet.

Risikoreiches Fahren sowie ständiges Rumalbern und Spielereien gehen der Frau auch eher auf den Keks. Schließlich will sie einen Mann und kein Kind (zumindest vordergründig. Denn eigentlich wollen Frauen ja auch den Mann umsorgen, aber noch viel mehr wollen sie erobert werden.).

Nichts desto trotz muss der Mann Risiken eingehen um eine Frau für sich zu gewinnen. No risk no fun.

Beim Flirten muss dieses Risiko zum ersten Mal eingegangen werden. Das Verhalten, das Aussehen, die Mimik und Gestik sowie viele mehr.

Beim Flirten sollte man nett sein und sich von seiner besten Seite zeigen.

Falsch!

Frauen stehen nun einmal auf den Bad Boy! Das ist Fakt. Sie suchen einen geheimnisvollen Mann, der sie erobert, aber den sie zugleich auch erobern müssen.

Also nicht auf „Mr. Nice Guy" machen (auch während der weiteren Phasen), denn das zeigt der Frau ebenfalls, dass der Mann total in sie v erschossen ist und sie ihn sozusagen bereits hat.

Lieber Bad Boy (aber nicht zu viel, denn Machos wirken abschreckend) und ihr zeigen, dass man es wert ist, am Ball zu bleiben. Bei den Gesprächen sollte immer durchblitzen, dass man dich Mr. Nice Guy ist, die Frau sich diese Seite am Mann allerdings „verdienen" muss. So kann man die Auserwählte bei der Stange halten. Um Verbindungen schon beim ersten Treffen zu schaffen (und auch zu zeigen, dass man gar nicht so mies ist), kann man ihr zum Beispiel auch einen besonderen und lieben Spitznamen geben (nicht Hasi, Mausi, Schatzi oder Ähnliches. Unmännlich! Außerdem vermitteln sie der Frau, dass man entweder nur mit ihr spielt oder er beide schon in einer festen Beziehung sieht). Wenn ihr zum Beispiel das Glas umfällt, sie kleckert oder ähnliches – was irh auch sichtlich peinlich sein wird – kann er dies gleich zur Spitznamenfindung nutzen („kleiner Tollpatsch" oder „Troublemakerin"). Oder wenn sie umknickt, fängt er sie mit „sei vorsichtig Ballerina" auf. Wichtig ist, dies immer mit einem Zwinkern zu tun und den schmalen Grad zwischen Neckereien und Hänseleien bzw. Beleidigungen zu beachten. Aber dies macht den Bad Boy aus.

Das zweite Risiko geht der Mann ein, wenn er in der Beziehung steckt bzw. sich nicht sicher ist, ob es eine Beziehung ist, ob er diese weiterhin eingehen soll und es wirklich etwas sehr ernstes werden soll. Schließlich sind ein paar Monate Spaß nicht außer Acht zu lassen.

Dabei kann ein kleiner, wiederum risikoreicher, Trick schnell helfen, um zu wissen, was sie denn überhaupt will und wie sie drauf ist.

Er sollte in einem Moment erwähnen, dass er auf der Straße oder beim Einkaufen eine Frau getroffen hat, die wie ein bekanntes Model aussieht (bspw. Kate Upton). Die Frau hat ihn dann auch gleich angesprochen und angeflirtet. Aber, er sollte auch erwähnen, dass er auf ihre Flirtereien mit „ich habe bereits eine sehr hübsche Freundin zuhause" geantwortet hat. Nun kann man abwarten, was passiert. Am Beziehungsanfang sind Frauen noch gerne in Kampfposition. Sie verteidigen gerne ihren „Fang" gegenüber anderen Frauen. Es kann also sein, dass sie sich etwas mehr stylt und dem Mann mehr Aufmerksamkeit und Zuneigung schenkt. Wiederum kann es auch nach hinten losgehen und sie fängt an zu zicken. So oder so weiß der Mann durch die Aktion, ob die Beziehung etwas Festes und Ernsteres ist oder ob sie eine Oberzicke ist.

Diese Fragerei ist auch mit einem Risiko behaftet. Vor allem „dumme" Fragen, die das Alltägliche und Normale betreffen. Es besteht immer die Gefahr, dass sie „das habe ich dir doch schon einmal erzählt! Nie hörst du mir zu!" antwortet. Fragen und Antworten und somit der Austausch von Informationen sind allerdings ein wichtiger Grundstein einer soliden Beziehung. So lernt man den Partner besser kennen. Notfalls kann man sich die Dinge auch heimlich aufschreiben oder eine gemeinsame (Achtung Kitsch) Love-Map anlegen, auf denen derartigen Antworten notiert sind. Dies kann man der Partnerin auch derart verkaufen, dass man die Gemeinsamkeiten markiert und so auf einen Blick die vielen Übereinstimmungen erkennen kann.

Streitereien. Uneinigkeiten. Zoff. In jeder Hinsicht und immer ein Risiko. Und genauso ist der Umgang mit ihnen. Also sollte der Mann einfach der Gefahr ins Auge sehen und … Cool bleiben.

Während eines Streits stehen beide meist neben sich und schaukeln sich gegenseitig immer mehr hoch. Was ist da also besser, einfach nicht mehr zu antworten, durchzuatmen und ruhig zu bleiben. Die Frau wird sich dabei verarscht und noch mehr provoziert vorkommen, denn diese Reaktion ähnelt dem Weggehen und Stehenlassen. Anschließend, wenn sie etwas ruhiger geworden ist (oder richtig austickt), kann er argumentieren „Ich weiß einfach nicht, wie ich in einer derartigen Situation mit dir umgehen soll" oder „Können wir uns nicht einfach erst einmal beruhigen und die Diskussion noch einmal neu beginnen?". Das Problem wird sicherlich nicht gleich gelöst werden, aber so haben beide die Chance einmal durchzuatmen und sich und ihre Gedanken zu ordnen.

Und wenn es wieder derartig emotionale Höhepunkte erreicht, sollte der Mann vielleicht wirklich aktiv der Gefahr ins Auge schauen und einfach gehen.

Manchmal weiß man nur beim eingehen des Risikos, ob gewisse Dinge es wert sind/waren. Aber meistens lohnt es sich.

Anturner # 34

Kuscheln!

Kuscheln fördert die Nähe sowie Verbundenheit und weckt das Zusammengehörigkeitsgefühl bei der Frau. Je geborgener sie sich fühlt, desto mehr Lust hat sie auf Sex (um die Nähe zu stärken).

Ernte reifer Früchte

Ab einem gewissen Alter ist es immer schwieriger, Frauen zu verführen. Die üblichen Maschen und Methoden sind bekannt und verfehlen daher in ihrer Wirkung.

Die unsichere Masche funktioniert am Wenigsten bei reifen Frauen. Diese Art von Frauen wollen einem Mann auf derselben Augenhöhe begegnen oder nur einen Toyboy. Sollte der Mann nicht die Intention haben, ihr Spielzeug zu sein und von ihr zu lernen, sondern Sex auf eine andere Art zu erfahren, ist es ratsam, ihr zu vermitteln. Ein selbstbewusstes und selbstsicheres Auftreten, der der Dame vermittelt, der Mann stehe mit beiden Beinen im Leben, und ist kein Greenhorn.

Ältere Frauen durchschauen falsche Maschen sofort. Der ehrliche Weg ist daher immer der beste und effektivste. Gefällt dem Mann ein bestimmter Aspekt an ihr, sollte er es sie wissen lassen. Sei es ihre Attraktivität, ihre Smartheit, ihr Humor. Dabei sind gewisse Adjektive wie „süß", „niedlich" oder sogar „sexy" nicht zu erwähnen. Diese sollten mit „begehrenswert", „anregend" oder „verführerisch" ersetzt werden. Frauen ab einem gewissen Alter führen eine andere Art der Konversation. Sie wollen als vollkommene Frau angesehen und geschätzt werden, als eine Person, die bereits eine gewisse Lebenserfahrung und Know-How hat. Sie sind kein „kleines Dummchen" mehr und wollen entsprechend ihrer Intelligenz und Auftreten behandelt werden.

Zwar sind die Damen zielstrebig, dennoch ebenso verletzlich. Gewisse Dinge, wie Augenringe, Falten, Fettpölsterchen und anderes, sollten auf keinen Fall angesprochen werden. Dies verunsichert eine Frau total. Sie weiß, dass sie bei ihrem Aussehen nicht mehr mit einer 20jährigen mithalten kann. Sobald allerdings ein Mann ihr dies unter die Nase hält, wird sie es mit Ignoranz und Desinteresse bestrafen.

Neben den Themen bei einer Konversation unterscheidet sich auch die Art des Datens. Ein Clubbesuch sind ebenso unvorteilhaft wie ein Vergnügungspark. Eine gute Alternative sind Events, für die man einen gewissen IQ aufweisen muss. Sei es ein Konzert, ein Theaterstück, Poetry Slam, ein interessantes Restaurant oder andere vornehmlich kulturelle Aktivitäten.

Selbstsicherheit, Unabhängigkeit und Zielstrebigkeit sind Dinge, die reife Frauen zu schätzen wissen und die Männer ab einem gewissen Alter voneinander unterscheiden.

Anturner #35

Die Partnerin morgens wecken durch das sanfte Reiben des erigierten Penis an ihrem Po.

und der Rest

Liebessprache Frau – Mann, Mann - Frau

Intimität, also emotionale Nähe, gegenseitiges Mitteilen und Unterstützung.

Leidenschaft, die romantische und erotische Lust.

Bindung an den Partner, Treue.

All diese Punkte gehören zur Liebe und zu einer Beziehung.

Eine Liebe ohne Leidenschaft ist Freundschaft, eine Liebe ohne Bindung nur eine kurze Affäre und so weiter.

Je mehr man die oben genannten Punkte in der Beziehung lebt und erfüllt, desto näher kommt man dem Ideal, wie es sich die meisten Menschen vorstellen. Dabei sollte man die eigenen Gefühle hin und wieder in Worte packen. Denn, wenn es um Liebe geht, neigen Frauen zum Reden und Männer eher zum Handeln. Das bedeutet, dass Männer ihre Gefühle häufig stillschweigend zeigen, etwa indem sie mit ihrer Partnerin etwas Gemeinsames unternehmen oder ihr helfen. Das wissen Frauen zwar zu schätzen und freuen sich darüber, aber Frauen können dies nicht immer in ihre eigene "Liebessprache" übersetzen. Und ein "Es ist so schön, mit dir zusammen zu sein" oder "du bedeutest mir viel / bist mir sehr wichtig", wenn man sich an die drei "großen Worte" (ich mag die Bezeichnung ehrlich gesagt nicht) noch nicht traut.

Alle Frauen wollen immer nur Latte Macchiato in allen Lebenslagen.
Aber eine Familiengründung ist nicht wie Latte Macchiato bei Starbucks. Einmal rein, genießen und dann fertig.
(*Anonym*)

Freund und Freund

Heutzutage ist es oft so, dass man sich auch Freunde des anderen Geschlechts sucht.
Dabei geht der Trend sogar soweit, dass viele Männer weibliche und viele Frauen männliche Freunde (Kumpels). Aber warum ist das so?

Durch die heutige Gesellschaft sind die Rollenverteilungen eh etwas vermischt. Frauen nehmen "männliche" Verhaltensmuster an, möchten also auch mal etwas herber sein, und Männer achten vermehrt auf ihr Äußeres, was damals als weibliches Verhaltensmuster gilt.

Es kann hierfür zwei Gründe geben.

Frauen sind meistens etwas zickiger, auch stutenbissig, wenn sie aufeinander treffen. Außerdem könnte SIE, auch wenn sie meine Freundin ist, mir meinen Kerl wegnehmen. Zwar sind Frauenfreunde und Männerfreunde nicht immer gleich Konkurrenz, daher gibt es ja zum Glück auch noch genügend geschlechtsinterne Freundschaften!

Viele nutzen die Freundschaft mit dem anderen Geschlecht auch einfach als Ratgeber, um die Probleme mit dem Partner, Schwarm oder Flirt zu besprechen. Denn dasselbe Geschlecht versteht vielleicht eher, wie es tickt.

Andererseits sehen viele diese Mischfreundschaften auch als Familie an. Es sind dann sozusagen die großen Brüder und kleinen Schwestern, die man nie hatte und so gerne wollte. Beide sind für einander da, man kann sich gegenseitig bis aufs Intimste und Innerste vertrauen und man kennt sich ausnahmslos.

Wenn dann nun der Partner mit ins Spiel kommt, wird es meistens schwierig, denn es beginnt die Eifersucht. Wieso trifft sie sich mit ihm? Was weiß sie alles über mich, seine Freundin? Warum redet sie nicht mit mir darüber, sondern mit ihm? Machen sie noch andere Sachen außer reden?

Diese Skepsis ist relativ normal und nachvollziehbar. Man sollte dabei dem Partner etwas Zeit geben, ihm zeigen, dass man ebenso bester Freund /beste Freundin und Partner sein kann.

Aber nicht jedes Problem kann mit dem eigenen Partner besprochen werden. Manchmal benötigt frau einfach ein Tipp vom anderen Geschlecht; sei es auch in Bezug auf die eigene Partnerin. Dies dann aber meist zum Vorteil der Partnerin, nach dem Motto "Wie sage ich es ihr richtig?" "Was kann ich tun?" "Ich verstehe sie in dem Punkt nicht. Bitte übersetze mir das mal".

Denn der Kumpel ist nun mal schon länger im Leben der Partnerin als ihr neuer Lebensabschnittsgefährte.

Daher ihr lieber Zeit und Vertrauen schenken und zuhören. Irgendwann wird sich der Partner einem selber auch mehr anvertrauen als dem besten Freund.

Und Misstrauen gleich vermeiden, denn eine Beziehung beruht auf gegenseitigem Vertrauen. Und wenn sie wirklich fremdgehen wollen würde, dann doch bestimmt nicht mit dem besten Kumpel (denn viele Frauen sehen ihre männlichen Freunde auch nicht als sexuelles Objekt, sondern wie bereits geschildert, als großen Bruder an. Und wer will schon mit seinen Geschwistern schlafen?!)

Eigentlich sind Sex und Zigaretten das Gleiche. Am Anfang ist es überhaupt nicht schön. Aber je öfter man's hat, desto mehr und häufiger möchte man.
(Anonym)

Hello again

Die Trennung...
Fetzen fliegen.
Tränen fließen.
Flüche werden ausgesprochen.
Es wird gebettelt und gebeten, dass man es noch einmal versucht. Man zeigt sich von seinem besten Licht, gelobt Besserung. Und vieles mehr.

Der Kontakt wird abgebrochen. Ab und an gibt es vielleicht noch Anrufe, SMS oder E-Mails. Diese bleiben entweder unbeantwortet oder werden durch eine Reaktion gekonnt abgeblockt.

Beim sich trösten lassen durch die Freunde versichert man, dass es sowieso die beste Entscheidung war. Schließlich war angeblich die Luft raus und man selber war unglücklich oder unzufrieden.

Und dann…? Nachdem einige Zeit vergangen ist, wird der Kontakt manchmal wieder hergestellt und mehr. Man trifft sich und spricht sich aus oder sieht sich auf einer Party wieder und hinterfragt seine Entscheidung.

Wenn es bei Sex mit der Ex bleibt, ist alles in Ordnung, aber bei Vielen wird daraus wieder mehr.

Man kommt wieder zusammen.

Auch wenn anfangs wieder alles wunderbar ist, man sich bemüht, gewisse Kleinigkeiten zu ändern, die zu einer Trennung geführt haben und die Zweisamkeit genießt; nach einiger Zeit schleicht sich erneut Gewohnheit ein; der Alltag holt einen zurück in der Wirklichkeit und somit auch die Probleme, die zu einer Trennung geführt haben.

Denn kein Mensch kann sich (innerhalb so kurzer Zeit) derartig ändern. Es wird also wieder aus den gleichen Gründen zu Streitereien kommen.

Man sollte sich nicht verstellen, sondern damit zufrieden geben, was man hat und wie man selber und der andere ist. Wenn es nach einiger Zeit nicht mehr passt, ist dies nicht schlimm. Denn jeder entwickelt sich weiter.

Es ist eher als Chance für einen Neuanfang (für einen selber) zu sehen. Wenn es mit dem Partner nicht klappt, ist es zwar sehr traurig, aber besser, als wenn man es versucht, sich trennt, wieder versucht, sich erneut trennt usw. Dadurch wird die Beziehung in den seltensten Fällen besser.

Und Freundschaften sollten nur in Frage kommen, wenn es von beiden Seiten gewollt ist und diese Freundschaft eher auf den Charaktereigenschaften des Anderen beruhen und nicht auf der Hoffnung, wieder zusammenzukommen.

Liebe ist nicht nur schön, genau wie Sex nicht nur geil ist.
(Florian David Fritz, Cosmopolitan 10/2011)

It's over now

Erkaltete Gefühle, ständige Eskalation die in Streitereien münden, schwindende Liebe für den Partner, kein Sex oder Intimität mehr... Dieses sind die deutlichsten Anzeigen dafür, dass die Beziehung vor einem Ende steht.

Das Festhalten an der Beziehung, um den anderen nicht zu verletzen, wegen der gemeinsamen Wohnung oder aus Gewohnheit an dem Alltag, ist Betrug nicht nur an dem Partner, sondern auch Betrug an der eigenen Person.

Zuerst muss man sich allerdings Gedanken über seine Entscheidung machen. Wieso, weshalb, warum. Diese Fragen beantwortet und klärt man dabei für sich alleine. Wieso streiten wir uns die ganze Zeit? Weshalb habe ich keine Gefühle mehr für sie? Warum ist es so unharmonisch bei uns in letzter Zeit? Ist es wirklich die Eine, mit der ich auch noch in Zukunft zusammen sein möchte?

Diese Fragen muss man vorab für sich selber gut beantworten um nachher bei dem Gespräch mit dem Partner nicht bei seiner Frage nach dem Grund wieder ins Grübeln zu kommen.

Wie bereits mehrmals erwähnt, ist die Klärung der eigenen Bedürfnisse wichtig um diese später dann in dem Gespräch mit seinem Partner selbstsicher, bewusst und fair formulieren zu können. Diese Gespräche führen entweder zu einer gemeinsamen Lösung, die eine Zukunft zu zweit ist oder einer Trennung. Allerdings ist man im letzteren Fall dann nicht unvorbereitet, denn beide sehen (im besten Falle), dass es keinen gemeinsamen Lösungsweg für die Probleme gibt.

Dem Partner wird diese Aussprache vorher angekündigt. Zwar weiß dieser sowieso, was mit dem Satz „Ich würde gerne morgen Abend mit dir reden" gemeint ist, allerdings ermöglicht dies beiden Seiten eine emotionale Vorbereitung auf das Treffen. Das Gespräch findet zuhause in einer ruhigen Atmosphäre statt.

Knappe Formulierungen wie „Es ist Schluss" oder „Die Beziehung ist vorbei" sind tunlichst zu vermeiden. Der Schlussstrich „Ich möchte mich von dir trennen" wird danach fairerweise im weiteren Gesprächsverlauf begründet. „Ich sehe für uns keine gemeinsame Zukunft in derart nicht mehr, weil ich mich nicht mehr zu dir hingezogen fühle und keine Liebe, sondern nur noch Zuneigung empfinde." Dies hilft beiden, die Situation klar zu deuten. Auch das Bewusstmachen der durchaus positiven Seiten und Zeiten und diese ggf. betonen, unterstützt den Prozess der Aussprache. Allerdings werden im nächsten Schritt auch die negativen Seiten und Zeiten aufgezeigt, damit der Partner die Entscheidung für den Schlussstrich erkennt und verinnerlicht, dass man selber keinen Sinn mehr in einer gemeinsamen Zukunft und gemeinsamen Weg sieht.

Der Spruch „Lass uns Freunde bleiben" darf niemals fallen denn er ist nur ein Hoffnungsschimmer für den Sitzengelassenen oder die Notfalltür für einen selber (falls man es sich doch noch mal anders überlegt, weil man merkt, man kann doch nicht alleine sein). Eine Freundschaft wird in den seltensten Fällen funktionieren. Und wenn man nach einem Jahr immer noch das Bedürfnis nach einer Freundschaft hat und die reale Möglichkeit nach einer funktionierenden Freundschaft sieht, geht man diesen Schritt. Beide müssen die gleichen Erwartungen an dieser anderen Art eines gemeinsamen Weges sehen. Dabei darf Einer der Beiden diesen Schritt nicht nur aus Hoffnung an einer Erneuerung der Beziehung mit einschlagen.

Bei dem Trennungsgespräch ist weiterhin Fairness gefragt. Das Gespräch muss zu Ende geführt werden und darf nicht in Tränen, Wutausbrüchen oder Ähnlichem enden.

Zwar werden diese Emotionen mit hoher Wahrscheinlichkeit eintreffen, sie müssen dann aber gemeinsam durchgestanden werden. Dies ist nur fair.

Bricht der Partner in Tränen aus, wird es ungleich schwieriger. Denn wer aus einer Beziehung aussteigt, kann keinen Trost geben, da in einer Umarmung immer auch ein Versprechen und somit Hoffnung versteckt ist. An dieser Stelle ist es ratsamer, auf Distanz zu gehen, auch wenn es schwer fällt. Allerdings ist dies hilfreicher für den Verlassenen.

Eine letzte gemeinsame Nacht ist nicht ratsam. Beide sollten sich voneinander verabschieden und sodann getrennte Wege gehen. Der Verlassene sollte in der Nacht jedoch nicht alleine bleiben sondern Hilfe bei seinen Freunden suchen. Er darf auch entscheiden, ob er die gemeinsame Wohnung verlässt und bei Freunden übernachtet.

Zum Glück brauchst du Freiheit, zur Freiheit brauchst du Mut.
(Perikles)

It's over now II

Was nach einer kurzen oder längeren Beziehung noch etwas leichter fällt, wird im Laufe der Jahre immer schwieriger. Vor allem wenn man geheiratet hat.

Vor dem Altar hat man sich das Versprechen gegeben „auf dass der Tod uns scheidet". Doch dies ist heutzutage nur noch selten so.

Das verflixte 3. Jahr, das verflixte 7. Jahr und das verflixte 25. Jahr… Es gibt verschiedene „heiße" Phasen in einer Beziehung und Ehe. Die starke Veränderung der Laufzeit einer Ehe, liegt vor allem an der heutigen Gesellschaft. Frauen und Männer sind selbstständig und meist finanziell unabhängig, im Gegensatz zu damals. Bei einer Trennung können sie sich selber versorgen und mit ihren eigenen Beinen fest im Leben stehen. Auch sind Frauen durch die Emanzipation mutiger geworden.

Eine Trennung nach vielen Ehejahren ist noch immer mit Scharm gegenüber der Familie und Gesellschaft verbunden, da es einem Scheitern gleichkommt. Dies darf kein Hindernis sein. Wenn es nicht mehr klappt, die Liebe erkaltet ist und der Partner nur noch unter der Ehe leidet, sollten beide mutig sein und einen Schlussstrich ziehen. Auch wenn es Kinder oder gemeinsame Immobilien gibt oder man den Traum eines gemeinsamen Rentnerlebens dadurch aufgibt. In erster Linie muss man an sich denken und darauf achten und hören, was für einen selber das Beste ist.

Es gibt die unterschiedlichsten Gründe, weshalb eine Trennung nach so einer langen gemeinsamen Zeit zum Thema wird, ausgehend von Männern aber auch von Frauen.

Im hohen Alter wollen viele Männer noch einmal jung sein. Sie haben ein gesteigertes Verlangen nach Sexualität, weil sie älter werden und zwanghaft versuchen, dagegen anzukämpfen (Midlifecrisis). Viele Frauen kommen mit dem plötzlichen Anstieg des Sexualtriebes des eigenen Mannes nicht klar oder schrecken ggf. vor dessen „neuartigen" Wünschen zurück. Auch aus diesem Grund suchen sich einige Männer eine andere Partnerin, die mit ihm die sexuellen Vorlieben auslebt. Diese ist nur in sexueller Hinsicht seine Frau. Das Herz und die Liebe bleiben bei der Ehefrau.

Mit der Situation kommen die wenigsten Ehepartnerinnen klar. Schließlich wollen sie die Einzige an seiner Seite sein und ekeln sich zudem davor, dass ihr Mann mit einer anderen Frau Intim ist. Sie wollen keine Ehe zu Dritt führen sondern klare Verhältnisse.

Zeitlich trifft die erste Krise erst ein, wenn die Kinder eingeschult werden. Sie sind dann auf ihrem Weg der Selbstständigkeit und brauchen ihre Eltern nicht mehr so bedingungslos. Dies spüren die Eltern und fühlen sich etwas zurückgewiesen Eine weitere große Krise trifft bei der Pubertät der Kinder ein, bei der viele Eltern überfordert sind.

Sind diese beiden „Krisen" gemeinsam mit dem Partner gemeistert und die Ehe besteht weiterhin (stabil und harmonisch), folgt die nächste heikle Phase. Der Auszug der Kinder. Sobald die Kinder ausziehen, ist es sehr ruhig im Haus und das Familienleben und die dazugehörigen alltäglichen Aufgaben fallen plötzlich weg. Die Partner müssen sich wieder auf sich selbst konzentrieren. Dies geschieht meistens zwischen dem 20. und 25. Ehejahr.

Aber auch der Ruhestand oder der Tod der Schwiegereltern, kann zu einer derartigen Lebensumstellung führen.

Doch wenn man keinen Sinn mehr in der Ehe sieht und nur noch unglücklich ist, ist es ratsamer sich mit dem Gedanken einer Trennung und auch Scheidung auseinanderzusetzen. Dieser Prozess ist langwierig, schwierig und verbunden mit vielen ausgiebigen Gesprächen, bis beide Partner (oder einer) anerkennen, dass das Zusammenleben keinen Sinn mehr macht.

Viele Paare trennen sich auch, weil einer der beiden Partner einen starken Drang zur Selbstverwirklichung hegt. Das gehen dieses neuen Weges kann oftmals nicht gemeinsam erfolgen, sondern wird lieber alleine eingeschlagen; um sich auf sich selber zu konzentrieren oder den anderen nicht in seinem weiteren Lebensweg zu behindern. Denn wo zuvor die Bedürfnisse und die Lebensumstände der Familie angepasst wurden, steht nun die Selbstverwirklichung.

Zwar haben besonders junge Pärchen die Chance, aus den Fehlern der älteren Pärchen zu lernen, was sie aber meistens nicht tun. Es ist gut, seine eigenen Fehler zu machen, aus diesen zu lernen und somit an und mit diesen zu wachsen, denn das stärkt die Bindung und somit auch die Beziehung. Jedoch ist etwas Hilfe von Außerhalb auch sehr nützlich.

Wichtig ist es in einer Beziehung, gemeinsame Interessen zu pflegen, aber auch seine eigenen Dinge zu machen und seine Wünsche und Ziele zu verfolgen. Dabei sollte nie der Respekt gegenüber dem Anderen verloren gehen. Stattdessen bringt man seinen Partner mit ein und zeigt ihm, was einen selber bewegt und weshalb. Und es sollte immer offen über alles geredet werden. Dann steht einer glücklichen Zukunft (auch ohne Ehschein) nichts entgegen.

Es gibt im Leben nur vier Fragen von Bedeutung, Don Octavio! 'Was ist heilig?' 'Woraus besteht der Geist?' 'Wofür lohnt es sich zu leben?' 'Wofür lohnt es sich zu sterben?'. Die Antwort ist stets die Gleiche: 'Nur die Liebe'!
(Don Juan de Marco)

Liebeshass

Sobald die ersten rosa Wölkchen verflogen sind, die rosarote Brille verblasst und die Schmetterlinge dem Bauch entflohen sind, tritt der Alltag in einer Beziehung in den Vordergrund und einige Paare beginnen sich zu streiten. Es folgen Dauerstreits wegen Kleinigkeiten sowie endlose Nörgeleien zwischen Partnern.

Doch Nörgeleien und Streitereien haben zumeist einen anderen Hintergrund. Es sind eher ein Zeichen dafür, dass Einer in der Beziehung zu tiefst unzufrieden ist.

Obwohl die Partner sich bei Streitereien gegenseitig ihre Fehler vorhalten, ist dies selten so gemeint. Die eigentlichen Bedürfnisse, die hinter den Zankereien über Belanglosigkeiten (oder sogar Mobbing) stecken, könnten die Betroffenen meistens nicht aussprechen. Dabei sind die „Streithähne" oftmals nicht als unfreundliche oder dominante Person in ihrem Umfeld bekannt. Wenn sich die Streitereien und Nörgeleien immer mehr aufbauschen und wiederholen, kann dieses Verhalten schnell zur Gewohnheit werden. Sie sind dann sozusagen daran gewöhnt, derart miteinander umzugehen. So entwickelt sich ein heftiges Machtspiel, bei dem beide Partner gleichermaßen unter dem Verhalten des Anderen leiden. Das Liebesgefühl wird dann durch angestauten Frust überschüttet. Es kann wieder hervorgeholt, erneuert und die Zankereien eliminiert werden. Dies ist aber nur der Fall, wenn zumindest einer der Partner die schädliche Dynamik rechtzeitig erkennt und diesem entgegenwirkt. Das Wichtigste hierbei ist, die Misere zu erkennen und anzusprechen.

Man kann seinen Partner nicht verändern, aber zumindest versuchen, sich selbst und seinen eigenen Verhaltensmuster zu ändern – also auch das Miteinander und Zusammenspiel in der Beziehung. Das richtige Ansprechen ist allerdings auch eine Kunst, denn dabei darf man seinen Partner weder verletzen, noch beleidigen. Kritiken wird aus diesem Grund mittels Ich-Sätzen ausgedrückt. Anstatt dem Partner vorzuhalten „Nie hast du Zeit für mich", lieber sagen, dass man jetzt seine Nähe besonders braucht und sich sehr freuen würde, Zeit zu zweit zu verbringen. Denn manchmal möchte man dem Vorwurf „Du hast nie Zeit für mich" auch die eigenen Bedürfnisse, selber mehr Zeit mit anderen Menschen verbringen zu können, ausdrücken.

Bei Unzufriedenheit in der eigenen Beziehung muss man sich zuerst selber über seine eigenen Bedürfnisse im Klaren sein. Die Bedürfnisse teilt man dem Partner mit. Ebenfalls Ich-Botschaft. Zudem sollte man sich bewusst sein, dass der Andere teilweise gar nicht wissen kann, was in einem selber vorgeht, wenn man ihm nicht alles mitteilt oder zeigt. Schließlich kann er nicht in einen hineinblicken (was allerdings Vieles erleichtern würde ;)). Und vor dem Gespräch muss man sich selbstverständlich auch Gedanken machen, was wird angesprochen, wo liegen die Ursachen des Problems etc.. Bei Zankereien muss also vor allem an der Kommunikation mit dem Partner gearbeitet werden. Sie zu verbessern, sodass wieder die positiven Emotionen in den Vordergrund treten und zum Austausch kommen ist oberstes Ziel. Dabei haben beide im Hinterkopf, dass es nicht immer Lösungen für alle Probleme in einer Partnerschaft gibt. Einige Probleme bestehen eben. Diese akzeptiert man und versucht nicht, sie zu ändern.

Den jeder Mensch hat seine Macken und niemand ist perfekt.

Denn einen gebildeten Menschen erkennt man daran, dass er in jeder Gattung der Dinge nur so viel Genauigkeit sucht, wie die Natur der Sache zulässt.

(Aristoteles)

Er gehört mir! Nur mir!

Eifersucht ist ein großes Thema und meist auch der Beziehungskiller Nummer Eins.

Wichtig ist in einer Partnerschaft, immer offen und ehrlich zu sich und zu seinem Partner zu sein. Das ist die Grundvoraussetzung für jede halbwegs funktionierende Beziehung.

Aber Eifersucht ist eine individuelle Sache. Sie entsteht bei der Erziehung oder die vorherigen Beziehungen und andere Umwelteinflüsse. Ein wichtiger Beitragt ist auch, das Verhältnis der beiden Partner zueinander. Steht er/sie zu einem? Wie behandelt er/sie mich, wenn jemand anderes dabei ist und die Zweisamkeit stört? Was ist, wenn das andere Geschlecht - also "Konkurrenz" - anwesend ist?

Wenn der Partner selber einem das Gefühl gibt, die Nummer Eins für ihn/sie ist, ist dies ein weiterer wichtiger Punkt - neben der Ehrlichkeit.

Zudem ist die Eifersucht nicht nur eine Sache, die durch den Partner bedingt ist. Es hat ebenfalls viel mit der eigenen Einstellung zu tun. Ist man sich bewusst, was der Partner an einem hat, was er zu schätzen weiß und dass seine/ihre Gefühle wahrhaftig sind, gibt es eigentlich keinen Grund zur Eifersucht. Auch wenn er / sie Unternehmungen mit dem anderen Geschlecht macht.

Ein weiterer Dämpfer dieser Eifersucht ist dem Partner den potentiellen Eifersuchtsauslösern vorzustellen. Dies entkräftet das Kopfkino etwas. Zudem wirken detaillierte

Ausschmückungen des Treffens eifersuchtsfördernd ("Beispiel: Wir haben einen Kaffee getrunken und über die Arbeit geredet. Nichts Besonderes. Und danach noch über alte Zeiten, unseren Ausflug, die letzte Party. Vergangene Zeiten eben.") Zu viel Reden und zu viele Details fördern Eifersucht. Lieber: „Außerdem war ich in meinen Gedanken sowieso die ganze Zeit nur bei dir").

Und wenn einem selber etwas auf der Seele brennt und man merkt, dass die Eifersucht trotz allem groß ist, wächst und ggf. die Beziehung gefährdet, sollte man auf jeden Fall mit seinem Partner darüber reden („Du, ich weiß, du liebst mich, aber wenn du das und das machst, werde ich schon etwas eifersüchtig.").

Ehrlichkeit ist oft doch der bessere Weg, als alles in sich hineinzufressen. Denn dieses „Fass" kommt irgendwann zum Überlaufen.

„Es ist besser loszulassen, als daran kaputt zu gehen!"
(Juli, Elektrisches Gefühl)

Ohne Worte

Beim ersten Date in einem Restaurant. Beide sitzen am Tisch und haben leere Teller vor sich stehen. Er schüttet ein paar ungekochte Buchstabensuppennudeln auf ihren Teller und fügt hinzu: „Falls mir die richtigen Worte fehlen sollten...".''

Es ist noch schöner ist es, wenn er für sie kocht. Auch wenn es nur Buchstabensuppe ist (dann kommt es allerdings auf die Präsentation drauf an)

Zu sterben aber um Armut, Liebeskummer oder sonst etwas Unangenehmen zu entgehen, ist nicht Kennzeichen des Tapferen, sondern vielmehr des Feigen.

Denn vor Mühsam zu fliehen bedeutet Weichlichkeit. Ein solcher Mensch erträgt den Tod nicht deshalb, weil es werthaft ist, sondern weil er einem Übel entgehen will.
(Aristoteles)

Unmöglich

Frauen stehen darauf, wenn Männer ihnen unerwartete Komplimente machen. Und bitte auch keine Standardkomplimente wie "Du hast so tolle Augen" blaah...

Was auch sehr hilfreich ist, sind zum Beispiel Komplimente per SMS oder E-Mail während sie einen (langweiligen) (Geschäfts-) Termin hat.

Durch die ständige Konfrontation von nackten Frauenkörpern in den Medien, werden für Männer unbewusst jene Frauen interessant, die sich gekonnt verhüllen, anstatt ebenso viel nackte Haut zu zeigen...
Eng anliegen darf es aber trotzdem.
(*Anonym*)

„Male chicks"

Nicht nur Frauen, sondern auch Männern leiden unter ihrem Aussehen.

Sie machen sich Gedanken, wie sie ausschauen. Ob sie zu wenige Muskeln haben, weil sie ggf. einen Bierbauch haben, ihr Po nicht knackig ist. Diese Punkte an ihrem Körper beschäftigen die Herren ebenso wie ihr grauer werdendes Haar, dazu auch noch lichter wird. Und an den Stellen, die kahl bleiben sollten (Rücken, Bauch, Nase, Ohren), sprießen die Borsten wie nichts Gutes.

Deswegen stürmen auch Männer in Fitnessstudios, gehen vermehrt zum Friseur um sich die Haare färben zu lassen oder kaufen sich Nasenhaarschneider um gewisse Stellen zu zähmen.

Doch im Gegensatz zu den Frauen ist der Druck, der auf den Männern lastet gut auszusehen noch nicht all zu hoch, wie bei den Frauen. Auch wenn die Zahl der Schönheitsoperationen bei den Männern in den letzten Jahren deutlich angewachsen ist und der Trend zum jüngeren Freund anstatt zur jüngeren Freundin geht.

Wie bei Frauen ist auch bei Männern wichtig, dass sie sich in erster Linie selber in ihrem Körper wohl fühlen und sich jeden Tag gerne nackt im Spiegel anschauen (wollen würden). Sie müssen sich selber erotisch und sexy finden und dieses dann auch ausstrahlen. Denn wenn man unzufrieden mit sich und seinem Körper ist, ist man erst einmal selber daran, dies zu ändern. Sei es durch Sport, Ernährungsumstellung und/oder kleine kosmetische Tricks.

Wichtig ist, sich selber so zu lieben, wie man ist und sich dabei wohlzufühlen. Man sollte sich für keine Partnerin verbiegen, um ihr zu gefallen.

Denn ein Mann, der sich selber mag, wie er ist, ist attraktiver als einer, der sich in seinem Adamskostüm wie eine unzufriedene Tussi benimmt und ununterbrochen an seinem Körper rummeckert oder sich geniert.

Wenn die Liebe dir winkt, folge ihr
sind ihre Wege auch schwer und steil.
Und wenn ihre Flügel dich umhüllen, gib dich ihr hin
auch wenn das unterm Gefieder versteckte Schwert dich
verwunden kann.

Und wenn sie zu dir spricht, glaube an sie,
auch wenn ihre Stimme deine Träume zerschmettern kann
wie der Nordwind den Garten verwüstet.
Denn so, wie die Liebe dich krönt, kreuzigt sie dich.

So wie sie emporsteigt zu deinen Höhen und die zartesten
Zweige liebkost,
die in der Sonne zittern,
steigt sie hinab zu deinen Wurzeln und erschüttert sie in ihrer
Erdgebundenheit.
Wie Korngarben sammelt sie dich um sich.
Sie drischt dich, um dich nackt zu machen.

Sie siebt dich, um dich von deiner Spreu zu befreien.
Sie mahlt dich, bis du geschmeidig bist;
und dann weiht sie dich ihrem heiligen Feuer,
damit du heiliges Brot wirst für Gottes heiliges Mahl.
All dies wird die Liebe mit dir machen,
damit du die Geheimnisse deines Herzens kennenlernst
und in diesem Wissen ein Teil vom Herzen des Lebens wirst.

Aber wenn du in deiner Angst nur die Ruhe und die Lust der
Liebe suchst,
dann ist es besser für dich, deine Nacktheit zu bedecken
und vom Dreschboden der Liebe zu gehen
in die Welt ohne Jahreszeiten, wo du lachen wirst

aber nicht dein ganzes Lachen,
und weinen, aber nicht all deine Tränen.

Liebe gibt nichts als sich selbst und nimmt nichts als von sich selbst.

Liebe besitzt nicht, noch läßt sie sich besitzen;
denn die Liebe genügt der Liebe.
(Der Prophet, Khalil Gibran)

Die Gefahr aus dem Internet

Soziale Netzwerke, wie Facebook, Google +, Xing usw. können echte Beziehungskiller sein. Denn sie offenbare teilweise Seiten und zeigen Informationen über den Partner, die besser im Verborgenen geblieben wären. Sei es ein Flirt auf der Pinnwand, ein Kommentar des Ex-Partners oder Bilder und Kommentare über die vergangene Partynacht, von der man selber noch nichts wusste.

Zum einen sind diese sozialen Netzwerke wahrhafte Zeitfresser. Ob Laptop oder Smartphone, man ist zusätzlich zu SMS und Anruf jederzeit erreichbar und lässt sich teilweise leicht und gerne ablenken. Stattdessen sollten beide die Zeit mit dem Partner intensiv nutzen bzw. genießen. Um einen Ausgleich zu schaffen, kann z. B. Zeit eingeplant werden, welche man nur in den sozialen Netzwerken verbringt und die der Partner nicht beanspruchen darf.

Zudem zeigen sich soziale Netzwerke als perfekten Nährboden um sich zu einem Stalker zu entwickeln. Denn wenn schon ein Funken Eifersucht und Misstrauen im Spiel ist, werden diese beiden besonders bei den Sozialen Netzwerk zu genüge genährt. Vieles kann falsch verstanden oder übersehen werden. Das ist immer die Gefahr.

Beide Partner sollten ehrlich zu einander sein, über alles reden und erst dann reagieren. Denn der Spaß eines „Freundes" kann schnell zu einem Streit oder ggf. sogar zu einer Trennung führen.

Am Wichtigsten ist also Ehrlichkeit. Und wenn es gar nicht geht, sollte man sich ggf. überlegen, ob man die Verbindung im Sozialen Netzwerk zwischen sich und seinem Partner aufrecht erhält oder überhaupt eingeht. Auch wenn dies ein schwieriger Schritt ist. Hierdurch können freilich viele Diskussionen und Rechtfertigungen vermieden werden.

Und wenn sich beide vertrauen, sollte diese Distanzwahrung voneinander im Internet kein zusätzliches Problem darstellen.

Das Leben eines Menschen ist das, was seine Gedanken daraus machen.
(Marc Aurel)

Die erste Liebe, ein prägender Zauber?

Die erste große Liebe! Jeder kann sich an sich erinnern. Diese großartigen und umwerfenden Gefühle. Das Prickeln im Bauch und die Leichtigkeit, die das Leben und alles drum herum auf einmal annimmt.

Aber war es wirklich schon die erste große Liebe? Oder kommt sie gegebenenfalls erst noch?

Es beginnt ganz leicht und dann folgt ein großer Knall. Boom! Schon hat Amors Pfeil einen getroffen.

Der Bauch ist voller Schmetterlinge, man hat das Gefühl zu schweben, sieht alles auf einmal total locker und jede Schwierigkeit geht einem leicht(er) von der Hand. Das Umfeld wird mit einem never-ending Lächeln bestrahlt.

Dieses Gefühl und die Erinnerung an die erste große Liebe sind unvergesslich. Erinnerungen bleiben im Gedächtnis; sei es die Stunden vor dem Spiegel um sich für das Treffen zu stylen, das erste Händchenhalten, die Spaziergänge, was und wo man das erste Mal zusammen gegessen hat und wie man sich überhaupt kennengelernt hat.

Doch heutzutage ist die große Liebe eher eine Seltenheit.

Es gibt die, die sie in jungen Jahren erleben, und dann lange mit ihr zusammen bleiben, vielleicht sogar eine gemeinsame Zukunft beginnen (Familie gründen, Haus bauen usw.). Einige erleben sie allerdings erst später, da sie sich in jungen Jahren noch nicht fest binden wollen - man weiß ja nie, was noch kommt -.

Doch nach einiger Zeit kommt der nächste große Knall. Entweder unerwartet, angeschlichen auf leisen Sohlen, oder durch laute Schritte angekündigt. Die Trennung.

Egal in welcher Weise. Es tut sehr weh. Das Herz zerreißt, die Tränen fließen und man hat das Gefühl, nie wieder jemanden so lieben oder vertrauen zu können, wie diesem einen Menschen.

Stimmt das?

Laut der Diplom Psychologin Lisa Fischbach, stellt die erste große Liebe, die Weichen für die folgenden Lieben.

Erlebt man die erste große Liebe, dann ist sie vor allem dahingehend besonders, weil man mit dem Mädchen erste sexuelle Erfahrungen macht. Der Partner bewundert einen, gibt Anerkennung und ist ein Seelenverwandter, mit dem man all seine Gedanken und Erlebnisse teilt. Das Zusammensein Tag und Nacht prägt einen zusätzlich, sodass sich beide immer ähnlicher werden. Zu einer Einheit. Wiederum lernt sich jeder hierdurch selber und den anderen auch besser kennen. Kein Verhalten kann mehr so leicht versteckt werden: der Umgang mit und die Wirkung auf andere Menschen, die eigenen Macken, die Konfliktfähigkeit, Toleranz, Eifersucht und das Verhalten bei einem Streit. Diese Erfahrungen und Reflexion sind allerdings besonders wichtig, da dies ein Prozess des Erwachsenwerdens und Reifens ist. Außerdem ist man bei der ersten großen Liebe noch völlig unbelastet und unerfahren; ohne negative Erinnerungen im Hinterkopf, sondern frei von den Gedanken a la „bei meinem Ex war das aber so und so...". Betrugsängste durch schlechte Erfahrungen sind klein, die Neugier auf Neues umso größer.

Besonders bei Verhaltensmustern prägt die vergangene Liebe stark und einflussreich. Hatte sie vorher einen Romantiker, wird sie zum Beispiel vermehrt auf romantische Gesten von ihm achten. Oder sie legt ihr Augenmerk auf kleinste Anzeichen von Machoverhalten seinerseits, falls sie bereits unschöne Erfahrungen gemacht hat, die Vertrauen und Zuneigung vehement verletzten und dauerhaft geschädigt haben könnten.

Dies sind auf den ersten Blick DIE prägenden und einmaligen Ereignisse der ersten großen Liebe. Sie stellt also die Weichen für das weitere Liebesleben. Sie bereitet den Maßstab, an dem andere Lieben und Beziehungen gemessen werden und baut Erwartungsmuster an weitere Partner auf.

Allerdings kann es eine weitere erste große Liebe geben. Denn mit dem Alter beschreitet man auch immer neue Lebensabschnitte. Diese Lebensabschnitte sind ebenfalls geprägt durch Erfahrungen, Einstellungen und Lebenswandel. Umzüge, berufliche Laufbahn usw. Und in jedem dieser Lebensabschnitte ist der Mensch nicht mehr der, der er vorher war. Aus diesem Grund kann er in jedem Lebensabschnitt eine erste große Liebe erfahren.

Zwar besitzt jeder bereits ein gewisses Vorwissen und geht nicht mehr allzu naiv an alles ran, wiederum gibt es auch bei diesem Partner immer das „erste Mal" in allen Bereichen. Und es ist sicher, dass es nach der ersten großen Liebe in der Pubertät noch mindestens ein oder zwei erste große Lieben in dem weiteren Leben geben wird. Ein Mensch, der den „Knalls" beim Durchbohren des eigenen Herzens mit Amors Pfeil verursacht. Die Unbeschwertheit, die Leichtigkeit, die Schmetterlinge im Bauch, das Kribbeln und die Aufgeregtheit vor den Treffen und das Gefühl, dass man gemeinsam alles schaffen kann, denn alle anderen Probleme wirken allein und leicht zu lösen.

Um diese zweite oder dritte *Erste große Liebe* erleben zu können, sollte man allerdings vor jedem neuen Lebensabschnitt eine Art Reset-Knopf drücken. Auch wenn es schwierig ist, gewisse Einstellungen und Verhaltensmuster zu ändern. Dennoch ist das bewusste Verständnis, dass nicht alle Menschen gleich sind, wichtig. Nur weil der eine Partner einen betrogen hat, heißt es nicht, dass der nächste es wieder tut. Nur weil der eine ein unromantischer und/oder emotionsloser Mensch ist, der kein Einfühlungsvermögen hatte oder sich nur auf sich konzentriert hat, muss dies nicht heißen, dass der/die Nächste ebenso ist.

Auch wenn es schwierig ist, man sollte zumindest versuchen und jedem Menschen, der in einem diesen "Knall" ausgelöst hat, die Chance einräumen, etwas "Erstes" und "Neues" zu beginnen.

Fortwährend denke ich im Geiste an Deine Küsse, Deine Tränen, Deine reizende Eifersucht, und der Zauber der unvergleichlichen Josephine entfacht immer von neuem die wild glühende Flamme meines Herzens und meiner Sinne. Wann werde ich endlich, frei von Sorgen und Geschäften, all meine Zeit bei Dir verbringen können, nicht anderes zu tun zu haben, als Dich zu lieben, an nichts anderes zu denken brauchen als an das Glück, es Dir zu sagen und zu beweisen?
(Napoleon an Josephine)

Web-Gossip

Misstrauen ist eine schwierige und individuelle Sache. Entweder man ist es "von Geburt an" oder nicht. Dies ist nicht nur abhängig von dem Partner, also wie er zum Anderen steht, ihm das Gefühl gibt, geliebt zu werden und die Einzige zu sein, sondern auch vom eigenen Selbstbewusstsein und Selbstvertrauen. Je selbstsicherer eine Person ist, desto geringer ist die Anfälligkeit für Eifersucht. Schließlich weiß jeder insgeheime selber, dass man besser aussieht als der Typ, der die Partnerin Partner gerade anlächelt.

Mit der technischen Entwicklung steigen auch die Möglichkeiten der Überwachung und somit auch der Nährboden für Eifersucht. Spätestens beim Ausspionieren der Liebsten in sozialen Netzwerken oder bei Suchmaschinen beginnt das Misstrauen. Besonders zu Beginn einer Beziehung ist dies tödlich. Man weiß noch nicht wirklich viel - oder zumindest nur Positives - über die Neue und erhält durch das „Stalken" ungefilterte Informationen, die schnell in den falschen Hals geraten können.
Allerdings googeln lediglich Ein Drittel aller User ihren neuen oder aktuellen Partner und nur 22 Prozent den Ex. Dies bedeutet, dass sich mehr als die Hälfte der Partner auf ihr Herz- und Bauchgefühl verlassen (oder ihren Username nicht kennen).

Die traditionelle Art des Kennenlernens ist noch immer die Beste: sich auf die eigene Intuition verlassen. Hierdurch gibt es mehr Positives und auch Überraschendes zu erfahren. Und aus dem Mund der Liebsten zu hören, ist eh schöner, als schon alles zu wissen und sich nichts mehr zu sagen zu haben.

I'm supposed to have a Ph.D. on the subject of women. But the truth is I've flunked more often than not. I'm very fond of women; I admire them. But, like all men, I don't understand them.
(Frank Sinatra)

Nee, noch nicht. Aber nachher! Vielleicht..

So ziemlich jeder wurde schon einmal und hat auch jemanden hingehalten. Es ist eine Person, die man nicht verletzen will, weil sie einem eigentlich doch am Herzen liegt. Sie ist nur ein Sexpartner oder ein netter Zeitvertreib. Mehr wird es aber nie sein; denn wer ist denn schon gerne alleine. Und die paar SMS im Monat, um nicht in Vergessenheit zu geraten und weiterhin interessant zu bleiben, kosten auch nicht viel Mühe und Aufwand.

Allerdings leidet die andere Person sehr unter diesen Aktionen. Sie macht sich Hoffnung, wartet auf den Tag, an dem sie sich für einen entscheidet und man endlich die gemeinsame Zeit genießen kann.

Doch daraus wird nichts.

Und je mehr Fragen, sich die wartende Person stellt, auf umso mehr interpretiert und überbewertet sie „hoffnungsvolle" Zeichen - seien sie noch so klein, denn jedes Zeichen wird als die Aufforderung zum Warten gedeutet -.

Auch wenn die wartende Person erkennt, dass sie nur hingehalten wird, so will sie es nicht wahrhaben. Und ist sie an dem Punkt angelangt, sei es von alleine oder durch Freunde, dass sie die Masche des anderen erkennt, muss sie genug Courage aufbringen, um den Schlussstrich zu ziehen. Dies klingt leichter als gesagt, denn irgendwie hängt man doch noch sehr an dem Partner. Auch wenn man nur eine kurze gemeinsame Zeit hat, bleibt die Hoffnung auf weitere schöne Momente. Man trägt sozusagen eine andauernde rosarote Brille. Wenn nun aber die rosarote Brille abgelegt wurde, folgt ein schwieriger Schritt. Das

Ziehen des Schlussstriches. Ist dieser gezogen, heißt es konsequent zu bleiben, da von der Gegenseite oft einige Versuche gestartet werden, diese Entscheidung rückgängig zu machen. Sei es durch "Gib mir nur noch eine Woche" oder Treffen oder Geschenke oder oder oder. Die Phantasie des Hinhalters blüht in diesem Moment förmlich auf.

Dennoch muss man diesen Schritt durchführen, da es sonst immer weiter derartigen laufen wird. Auch wenn das Versprechen auf Änderung in „naher Zukunft" noch so verlockend klingt. Und, Verlockung trifft es gut, da das Versprechen ein jenes bleiben wird. Der Wartende wird unglücklicher und unglücklicher, lebt am eigenen Leben und attraktiven, potentiellen Partnern vorbei und versinkt ggf. später in Depressionen (zudem kommen spätestens zu diesem Zeitpunkt Kommentare wie „Habe ich dir doch gleich gesagt", auch wenn diese Kommentare sicherlich nicht böse gemeint sind).

Am besten wechselt der hingehaltene seine Handynummer, baut einen Filter in seinen E-Mail-Account ein, sodass E-Mails des Hinhalters gar nicht erst ankommen und löscht unbedingt alle Daten des anderen um jegliche Kontaktmöglichkeit von beiden Seiten zu vermeiden.

Doch warum gibt es Hinhalter? Meist nutzen sie den guten Glauben und die Hoffnung aus, um bequem eine Sexmöglichkeit auf Abruf oder jemanden zum Ankuscheln und Ausheulen zu haben, wenn gerade keine andere Bekanntschaft verfügbar ist. Es gibt etliche Möglichkeiten. Sie sind alle von egoistischer Natur und haben nicht als Ziel eine Beziehung einzugehen; eher, diese zu meiden.
Hinhalter wollen lediglich ihr Ego aufpolieren, ihre Bedürfnisse

befriedigt bekommen, nicht alleine sein; und alles, ohne Verpflichtungen eingehen zu müssen. Zudem sind es meistens Personen, die das Ego des Hinhalters aufpushen.

Bitte, egal ob Wartender oder Hinhalter! Diese Aktionen sind nicht nett. Auch wenn man glaubt, durch diesen Schlussstrich den Weg ins allein sein zu gehen, stimmt dies nicht. Man sollte diese Art von "Beziehung" so früh wie möglich beenden; auch um frei für andere Möglichkeiten und Alternativen zu sein. Außerdem ist man nicht allein, denn die Freunde und die Familie stehen immer hinter einem.

Diese Warterei hat keiner verdient, und die Frauen, die einen verdient haben, lassen diesen nicht warten.

Küssen ist wie salziges Wasser zu trinken. Du trinkst und dein Durst danach wächst.
(Chinesisches Sprichwort)

Toleranz, Eifersucht und Schlampen.. alles nur eine Suche nach Bestätigung

Toleranz ist immer so eine Sache und hat auch viel mit Selbstbewusstsein, Eifersucht und dem Gefühl, geliebt zu werden zu tun.

Die Grenzen zwischen Toleranz, Eifersucht und Gleichgültigkeit sind oft sehr schwammig. Für einige sind bestimmte Aktivitäten noch im Toleranzbereich, andere Frauen wiederum werden bei derartigen Tagen Taten so eifersüchtig, dass sie mit dem Ende der Beziehung drohen.

Dabei gibt es keinen Grund für Gefühlsausbrüche. Ebenso sinnlos ist es, Toleranz durch Gleichgültigkeit zu ersetzen. Das führt nicht zu dem gewünschten Ziel. Denn das Zauberwort heißt Akzeptanz. Der Partner hat trotz allem noch sein eigenes Leben. Das muss man akzeptieren und tolerieren. Schließlich gibt es noch das eigene Leben, in das sich der Partner nicht einmischen soll.

Besonders deutlich werden diese drei Phasen - Toleranz, Eifersucht, Gleichgültigkeit - wenn es um Sex geht. Hiermit ist nicht das Fremdgehen gemeint, sondern das Thema Sex, wie Pornos, Stripshows, oder allein schon sexy angezogene Konkurrenten.

Männer, mit oder ohne Partnerin, schauen gerne hübschen Frauen hinterher. Frauen wollen, dass Männer ihnen hinterherschauen und ihre Sexieness bestätigen; sei es durch Blicke, Pfiffe oder Kommentare. (Ja ehrlich. Egal wie Plump..). Dabei ist es auch egal, ob die Frau vergeben ist oder nicht. Sie braucht die Bestätigung, sexy zu sein. Ebenso wie ein Mann. Jeder möchte, auch wenn er in einer Beziehung ist, wissen, wie hoch sein Wert auf dem Markt noch ist. Dazu gehören auch KLEINE Flirts sowie Gespräche mit dem anderen Geschlecht. Diese Bestätigung benötigt nahezu jeder Mensch, wie man sie eben durch Blicke, Flirts und schöne Kommentare erhält. Unterscheidet sich "Hinterherschauen" vom „Beobachten". Hierbei gibt es wiederum zwei Typen, die nicht nach Geschlechtern getrennt werden können. Es gibt die, die jeden beobachten, der annähernd hübsch aussieht. Diese Typen sind immer auf "Beutezug", egal ob in einer Beziehung oder nicht. Meistens sind es die, die zum Beispiel in einer Stripshow zu jubeln anfangen oder dergleichen. Der andere Typ ist ein Ästhet. Er genießt den Anblick des anderen Geschlechts, so lange es geht.

Ebenso sind die Partner dieser beiden Typen sehr unterschiedlich. Einen Beobachter möchte eine Frau eher nicht als ihren Freund nennen. Ebenso wenig möchte ein Mann, dass seine Frau ständig Männern hinterhergafft und -gröhlt. Auch wenn sie vom Partner noch so sehr das Gefühl bekommen, geliebt zu werden. Ihr Verständnis hat eher wenig mit Toleranz zu tun. Diese Freiheit, dass der Partner sich wie ein Tier zur Brunftzeit verhalten darf, ist entweder Gleichgültigkeit oder sie sind so eingeschüchtert und unselbstbewusst, dass sie denken „ich bin froh, wenigstens einen Partner zu haben! Da darf er/sie sich ruhig so benehmen". Klar, wenn der Partner nicht dabei ist, darf man sich derartig ausgelassen benehmen. Aber steht er daneben und bekommt alles direkt mit… sollte man wirklich an seinem Partner und sich selber zweifeln.

Bei den Ästheten gibt es weniger zu befürchten. Sie genießen den Anblick. Ihnen ist es dabei egal, ob ihr Partner diesen

Genuss mitbekommt oder nicht, denn es ist nur ein Appetit holen. Gegessen wird zuhause. Dieses Verhalten sollte der Partner tolerieren, was ihm auch leichter fällt, da ein Ästhet ihm immer das Gefühl gibt, die Nummer Eins und begehrenswert zu sein, egal wer kommt.

A pro pro Appetit. Die meisten Menschen holen sich ihren Appetit nicht nur im realen Leben, indem sie attraktiven Menschen hinterherschauen, mit ihnen flirten oder ggf. sprechen. Viele von ihnen schauen auch Pornos oder kaufen sich entsprechende Magazine.

Der Mensch ist nun mal ein sexuell sehr aktives Wesen. Man sollte akzeptieren, dass es außerhalb der Beziehung nicht viele Geschlechtsgenossen sind, die meist auch erst zur Konkurrentin werden, wenn man selber anfängt rumzumeckern. Denn hierdurch wird der Partner abgeschreckt und man selber für diese immer unattraktiver (rummeckern und rumzicken macht unattraktiv! Egal ob Mann oder Frau). Und, der Partner wird ja nicht erst in der momentanen Beziehung zum sexuellen Wesen. Er hatte vorher bereits ein (Sexual)Leben und hat sich ggf. pornografische Materialien angeschaut. Solange er/sie treu ist und den Partner vollkommen liebt und es diesem zeigt, sollte es keine Probleme geben. Dies klingt leicht, aber vor allem bei kulturellen Unterschieden ist es relativ schwierig. Man sollte also bei der Toleranz und Eifersucht den kulturellen Hintergrund des Partners berücksichtigen. Was bei Deutschen als normal und harmlos gilt, kann bei Personen aus dem Irak schon also Katastrophe gedeutet werden.

Ein interessantes Phänomen und somit einen großen Unterschied gibt es allerdings bei Frauen und Männern; unabhängig, ob sie in einer Beziehung sind oder nicht. Frauen sind in der Hinsicht, was Beobachtet werden und Flirten angeht, häufiger Schlampen als Männer. Sie gehen bei dem Erhalten von Bestätigung aggressiver vor; durch offensives Flirten, aufreizendes Kleiden und offensives Auftreten. Allein schon, um Getränke oder andere Vergünstigungen zu erhalten, setzen sie ihre weiblichen Reize manchmal zu offensichtlich und offensiv ein.

Vergebene Männer sind eher zurückhaltend, was diese Offensive angeht. Sie würden einer Frau auch ein Getränk ausgeben. Weiter gehen sie selten und signalisieren der Bekanntschaft, dass sie in einer Beziehung sind. Männern reicht die Bestätigung meist durch das Gespräch, das Lächeln oder die Nummer. Viele Frauen fühlen sich erst bestätigt, wenn es schon etwas mehr zur Sache ging. Durch Küsse, Petting oder Sex.

Es bedeutet nicht, dass Frauen generell untreuer sind als Männer, auch wenn es sich so anhört. Hierbei liegen die Werte in etwa gleich. Allerdings liegt bei Frauen die Schwelle um sich attraktiv zu fühlen höher als bei Männern, was sie zu drastischeren Maßnahmen veranlasst.

Solange in einer Beziehung die Grenzen geklärt sind, der Partner und man selber weiß, was die Liebe des Partners besonders macht, was man am jeweils anderen hat und dass man die Nummer Eins ist und bedingungslos geliebt wird, ist die Beziehung tolerant und unglaublich stark. Eifersucht sollte also nicht einmal aufkommen, wenn er aus Spaß mit seinen Jungs in eine Stripshow geht oder sich mit ihnen (oder alleine) Pornos anschaut. Denn Männer kennen ganz klar den Unterschied zwischen Frauen in der Sexbranche (die täglich an ihrem Aussehen arbeiten - schließlich ist es ihr Job) und der eigenen Frau zuhause, die sie lieben. Auch wenn die ersteren vielleicht schöner anzuschauen sind, so wissen die Männer doch, was sie an ihrer Frau haben. Sonst wären sie nicht mit ihr zusammen.

Die Frauen sollten sich ab und zu ein Beispiel daran nehmen.

What makes men damaged? Sorry, it's woman. I never got my heart broken by a man.
(Lee Aronsohn)

Mach mir den Bären

Männer haben ab einem gewissen Alter viel Testosteron im Körper. Mit der Pubertät fangen überall an, Haare zu wachsen. Anfangs nur an den Beinen und gegebenenfalls am Po, sowie Schamhaare und Barthaare. Mit dieser Sorte von Haaren kommt das Gefühl erwachsen und männlich zu sein. Der Wuchs wird gepflegt und neue Looks werden ausprobiert - vorwiegend mit den Barthaaren -. Doch ab einem gewissen Alter beginnen dann an anderen Stellen die Haare zu sprießen. Brust, Bauch,.. und Rücken. Nach und nach beginnt dann ein Phänomen: mit wachsender Körperbehaarung nimmt die Kopfbehaarung ab. Aber um dieses Thema geht es hier nicht. Es geht eher um das „Bären"-Phänomen. Wenn der Körper doch schon relativ komplett mit Haaren besetzt ist. Einige Haare sind dabei noch ganz ansehnlich, sobald allerdings die Überwucherung des Rückens beginnt, ist für viele Frauen langsam Schluss und Genug des Guten.

Frauen sollten möglichst überall rasiert sein, rennen dafür in die Waxingstudios usw. um möglichst glatte Haut zu haben. Sicherlich, ist Körperbehaarung bei Männern ein Zeichen für Männlichkeit. Allerdings gibt es auch hier Grenzen. Einige Frauen stehen auf beharrte Männer und lieben den "Pelz"; die Mehrheit jedoch bevorzugt eine gepflegte und "gezähmte" Bewucherung des Männerkörpers, vor allem am Rücken und Bauch.

Daher ist es auch mal sehr schön, wenn Männer sich an gewissen Stellen (wie dem Rücken) enthaaren.
Frauen rasieren uns doch auch überall für euch, meine lieben Herren!..

"Manche Männer bemühen sich lebenslang, das Wesen einer Frau zu verstehen. Andere befassen sich mit weniger schwierigen Dingen, zum Beispiel der Relativitätstheorie"
(Albert Einstein)

Backside

Neben einem gepflegten Aussehen stehen Frauen auf gepflegte, starke Männerhände. Dies ist allgemein bekannt. Aber auch einen gut gebauten Männerkörper stoßen sie nicht so schnell von der Bettkante. Jaaa, der Charakter ist natürlich auch wichtig. Allerdings achtet man vor dem Kennenlernen doch erst aufs Aussehen. Daher geht es nun erst einmal nur ums Äußere. Sorry! ;)

Wichtig ist vor allem ein gut gebauter, starker Rücken (viel wichtiger als ein Waschbrettbauch). Denn durch einen trainierten Rücken und somit ein breiteres Kreuz, vermittelt ein Mann der Frau, dass er sie beschützen kann, sie hinter seinem Rücken Schutz findet, und er ihr zusätzlich eine starke Schulter zum Anlehnen bieten kann. Pumper sind aber No-Gos. Denn zu viele Muskeln wirken eher abstoßend und unerotisch; nicht nur durch den Ruf, der mit diesen Pumpern einhergeht.

Ein besonderer Nebeneffekt für ein ausgewogenes Training des Männerkörpers: Die Körperhaltung ist aufrechter (kein "Zockerbuckel"), was zugleich noch viel attraktiver wirkt. Vor allem im Sommer in Muskelshirts.

Anmerkung: Auch Frauen sollten darauf achten, zusätzlich zum Bauch-Beine-Po-Training auch ihren Oberkörper zu trainieren. Nicht nur die Körperhaltung wird hierdurch positiv beeinflusst. Auch die Proportionen des Frauenkörpers werden hierdurch ästhetischer.

Die große Frage, die ich trotz meines dreißigjährigen Studiums der weiblichen Seele nicht beantworten vermag, lautet: Was will eine Frau eigentlich?
(Sigmund Freud)

Can't buy me love?

Für viele Männer und auch Frauen stellt sich ab einem gewissen Alter die Frage, ob sie sich für die Familie oder die Karriere entscheiden sollen. Meistens betrifft die Frage allerdings eher die Frauen. Denn sie sind es ja eigentlich, die in den Mutterschutz gehen und - mehrheitlich - die Erziehung des Nachwuchses übernehmen.

Die Frage, ob man sich für die Karriere oder die Familie entscheiden soll, wird schon viel früher gestellt. Meistens beginnt die erste Auseinandersetzung zu diesem Thema nach oder während der Schulzeit. Nach dem Schulabschluss stellen sich viele die Frage, was sie nun machen. Au pair? Ausbildung? Studium?

Für die meisten Lebenswege muss man in eine andere Stadt oder ein anderes Land ziehen. Dauerhaft oder auch nur auf absehbare Zeit.

Es folgen Gewissenskämpfe „Soll ich meinen Schatz für meine Karrierewunsch verlassen?" „Wird die Beziehung die Distanz aushalten?" „Wie wird unsere gemeinsame Zeit aussehen?"

Wichtig ist es dabei, sich zu fragen, was einem selber wichtig ist. Natürlich ist zu Beginn einer Beziehung alles schön, rosarot und auf Zuckerwattewolken; aber jeder weiß, dass dieses Gefühl auch aufhört. Mit diesem Wissen sollte man sich der Frage ebenfalls widmen. Auch wenn die Beziehung noch so frisch, fantastisch und makellos ist, gehört es ab einem gewissen Punkt dazu, der Wahrheit ins Auge zu blicken.

Ist sie, nur ein Lebensabschnittsgefährte - wobei die Betonung auf "Lebensabschnitt" liegt, oder die Mutter der gemeinsamen Kinder? Oder auch nur die Person, mit der man gemeinsam im Schaukelstuhl oder der Hollywoodschaukel auf der Veranda sitzen möchte, wenn man alt und schrumpelig ist und versucht, mit kleinen Steinen oder ähnlichen die Nachbarskatze aus dem eigenen Garten zu verscheuchen.

Biologisch gesehen hat jede Beziehung ein Mindesthaltbarkeitsdatum. Dies hat schlichtweg etwas mit der Zeugung von Nachkommen zu tun. Sobald der Nachwuchs groß und alt genug ist, sich selber zu versorgen - meist nach 6-7 Jahren - beginnt es in der Beziehung zu kriseln. Auch wenn es keine Kinder gibt, zeigt sich dieses Phänomen häufig. Sich also für die Liebe anstatt für die eigene Karriere zu entscheiden, sollte daher sehr gut überlegt sein.

Hat man in der anderen Stadt Bekannte oder Freunde? Ist man kontaktfreudig und könnte somit schnell seinen eigenen Freundes- und Bekanntenkreis aufbauen?

Das Wichtigste bei einem derartigen Schritt sind eine stabile und ehrliche Beziehung sowie ein eigenes Leben. Er/sie sollte die Stadt ebenfalls mögen, Arbeit finden und einen eigenen Freundeskreis aufbauen. Denn hierdurch ist man nicht zu sehr auf den eigenen Partner nach einem derartig großen Schritt fixiert; was ebenfalls ein k.o.-Kriterium für eine Beziehung sein kann.

Nach dem Umzug sollte jeder seine eigene Wohnung behalten; dies bedeutet, dass jeder wieder sein eigenes Reich bekommt, auch bei vorherigem Zusammenleben. Denn so wird das aufeinander Hocken vermieden und jeder kann sein eigenes

Leben selbstständig aufbauen. Selbstverständlich darf die Beziehung nicht darunter leiden. Man kann ja trotzdem wieder beim Partner übernachten. Dies kann zudem auch ein zusätzlicher neuer Kick für eine Beziehung sein.

Auch sollten beide Partner dies nur als Zwischenlösung sehen und gewollt sein, wieder zusammen ziehen. Denn die zwei Wohnungen sollen nicht dazu dienen, sich leichter von dem Partner loszulösen (denn Schlussmachen ist ja so schwer, vor allem, wenn man zusammen wohnt). Nein! Es soll wirklich nur dazu dienen, früher Leute kennenzulernen.

Wichtig ist hierbei auch, dem Partner das Gefühl zu geben, wirklich wieder zusammen ziehen zu wollen.

Dass sich beide selber ein eigenes Leben in der neuen Stadt aufbauen, versichert zudem, dass er/sie nicht nur wegen der Karriere und dem damit einhergehenden steigenden Vermögen der Partner / die Partnerin ist.

Hat man sich also für die Liebe entschieden, ist also für und mit seinem Partner in eine andere Stadt oder in ein anderes Land gezogen um eine Fernbeziehung zu vermeiden, sollte es aber nicht so sein, dass man sein Leben für den anderen aufgibt oder ihm es in ungünstigen Situationen, z. B. beim Streit vorhält. Der Umzug geschah aus Liebe ohne ein Gegenleistung zu erwarten. Die gemeinsame Zeit kann dann umso mehr genossen werden. Der Partner weiß zudem, dass man hinter einem steht, egal was in der Zukunft noch kommt.

Ist die Entscheidung für die Karriere und nicht für den Partner gefallen, so wird der Weg nicht leichter. Denn dies kann entweder Fernbeziehung oder Trennung bedeuten.

Abzuwägen ist dabei die Zeit und Dauer einer Fernbeziehung. Ist die Zeit leicht überbrückbar, ohne dass einer – vielleicht vergebens - wartet? Auch wenn man nicht weiß, wie sich die Gefühle füreinander in der nächsten Zeit entwickeln, sollte die Dauer der Distanz für nicht allzu lange aufrecht erhalten und als quälend erachten.

Bei einem kompletten Schlussstrich ist alles anders. Es ist keine Schande, seine Karriere bzw. seinen beruflichen Werdegang in den Vordergrund zu stellen. Das bedeutet auf keinen Fall, dass man den Partner nicht geliebt hat oder sich keine gemeinsame Zukunft vorstellen kann. Es kann ebenfalls bedeuten, dass man Rücksicht auf seine/n Liebste/n nimmt. Denn wenn man weiß, man ist ständig unterwegs, hat keine gemeinsame Zeit mehr oder einen unregelmäßigen bzw. zum Partner gegensätzlichen Tagesablauf, leben beide aneinander vorbei und vernachlässigen die Beziehung.

In jedem Fall sollte man mit seinem Partner ausführlich über die Situation und seine Entscheidungsgründe sprechen. Bei der Entscheidung sollte der Partner, je nachdem wie lange die Beziehung gedauert hat, ein Mitspracherecht haben.

Denn wenn sie keine Zukunft in der Beziehung sieht, ist die Entscheidung schon gefallen und bedarf keiner Diskussion mehr. Alleine kämpft es sich schlecht auf weiter Flur. Bei der Entscheidung also bitte realistisch bleiben, den eigenen Standpunkt überdenken und nicht Hals über Kopf gegen sein Bauchgefühl reagieren.

Das Bauchgefühl ist, wie bei den meisten Entscheidungen, extrem wichtig. Hilfreich kann bei der Entscheidungsfindung sein, die Augen zu schließen und sich die gemeinsame Zukunft miteinander vorzustellen.

Geht es nicht, so ist Schlussmachen besser als zu hoffen, dass es schon irgendwie funktionieren wird.

Ein kleiner Trost: Hat sich die Partnerin für die Karriere entschieden, so würde sie sich ebenfalls für die Karriere entscheiden, wenn es um Familienfragen geht. Oder auch um Beziehungsfragen, wie ein gemeinsamer Urlaub. Auch die Tagesplanung wird sich (mit dem Anstieg auf der Karriereleiter) immer mehr dem Beruf anpassen.

Hat sie sich allerdings für die Liebe entschieden, so kann man sich sicher sein, einen ehrlichen Partner an seiner Seite zu haben, der das Zusammenleben mit einem als wichtig erachtet und auch in Krisen (um Beispiel Geldnot) zu einem steht. Denn für sie zählt der Partner mehr als Geld. Die Verlässlichkeit ist bestätigt. Wie in guten und schlechten Zeiten. Und sonst auch, wenn die Frage aufkommt „Karriere oder Familie".

Du sagst du liebst den Regen, aber benutzt einen Regenschirm.
Du sagst du liebst die Sonne, aber bleibst im Schatten wenn sie scheint.
Du sagst du liebst den Wind, aber schließt das Fenster wenn er weht.
Deshalb habe ich Angst, wenn du sagst, dass du mich liebst.
(Bob Marley)

Sexiest Moments

Es gibt ab und zu den Moment, der sehr sinnlich und sexy zugleich wirkt; bei dem Männer gerne über die Frauen herfallen und an nichts anderes als Sex denken können. Beispiele hierfür sind, wenn sie sein T-Shirt trägt, zum Schlafen oder in der Wohnung rumgammeln. Dies wirkt sehr sinnlich. Oder wenn sie gerade frisch aus der Dusche kommt, ihre Haare und Haut sind noch nass, und nur ein kleines Handtuch bedeckt bestimmte Körperteile.

Natürlich gibt es auch außerhalb der eigenen 4 Wände diese Momente. Sei es, sie in ihrem Mantel mit nichts weiter drunter als Strapse und heiße Dessous, ein warmer Sommerregen der ihre Kleidung leicht durchnässt, dass sich ihr Körper darunter abzeichnet. Wasser ist sowieso ein sehr sinnliches Element, und trägt viel zu heißen Momenten bei. Denn auch wenn eine Frau am Strand gerade aus dem Wasser kommt, ihr Bikini ist noch nass, und sie sich ein weißes T-Shirt anzieht, oder im Sommer ihr Auto in der SB-Waschanlage selber wäscht (am besten in High Heels), sind dies sehr erregende und erotische Momente für Männer.

Dennoch können auch Kleinigkeiten zu heißen Phantasien führen. Sie es das Essen eines Eis, einer Banane oder einen Lollie, das Fahren auf dem Fahrrad mit Hotpants oder alleine, wenn sie verträumt auf einer Gitarre spielt.

Meistens sind es die Momente, in denen sich Frauen unbeobachtet fühlen und einfach natürlich sind. Denn will man sexy wirken, so hat das eher einen gegenteiligen, teilweise sogar billigen Effekt.

Du brauchst nicht tonnenweise Geschenke um eine Frau glücklich zu machen.
Du brauchst ihr nur zu zeigen, dass sie dir wichtig ist. Mehr nicht!
(*Henry Fielding*)

Meckre nicht ständig an mir rum!

Keiner mag gerne kritisiert werden. Weder Männer noch Frauen. Da ist es auch egal, von wem sie kommt. Manchmal sind diese Kritiken (z. B. wenn der eigene Partner an der Figur rummeckert) noch verletzender und somit gravierender für die eigene Person.

Wenn Verbesserungsvorschläge doch einmal angebracht sind, sollten diese in angenehme, positive und sanften Worte verpackt sein, unabhängig von dem Adressaten ob Mann oder Frau. Wichtig: Die Kritik sollte als Sandwich serviert werden, d.h. erst Lob, dann Kritik, dann wieder Lob.

Ein anderer Trick ist, Verbesserungsvorschläge derart zu verpacken, dass die gewünschte Änderung - besonders zu Beginn - häufig bestätigt und gelobt wird („Ich finde es total scharf und sexy, wenn du diese Jeans trägst" und dann gleich über die Frau herfallen).

Die Kritik sollte den Partner aber nicht zu sehr in seinem Wesen oder Charakter einschränken oder ändern. Man sollte seinen Partner so lieben, wie er ist. Nur bei wirklich gravierenden Sachen ist einzugreifen.

Kurz gesagt: Viel Bestätigung und nett verpackte Kritik sorgen für Zufriedenheit auf beiden Seiten.

Huldige nicht mehreren Frauen zur gleichen Zeit,
an demselben Ort, wenn es dir darum zu tun ist,
Zuneigung oder Vorzug von einer einzelnen zu erlangen.
(Adolf Freiherr von Knigge)

„Nu"!

„Im Osten war alles besser". Nun ja, nicht wirklich.

Aber Tatsache ist, dass die Ostdeutschen offener, freizügiger und somit auch probierfreudiger in Sachen Sex sind. Und das wirkt sich noch bis auf die heutigen jungen Erwachsenen aus. Ossis sind daher sehr beliebte Sexpartner (vor allem Ostdeutsche Frauen), da sie vor allem eher weniger abgeneigt gegenüber Oral-, Analsex und anderen Techniken sind (im Vergleich zu anderen deutschen Frauen).

Vier Fünftel meines Genusses bestanden immer darin, die Frauen glücklich zu machen.
(Giacomo Girolamo Casanova)

Was Frauen wollen

Mann ist nicht gleich Mann. Auch Frauen haben Ansprüche. Frauen wollen einen richtigen Mann, der weiß, was er will und einen Plan vom Leben hat. Dabei sollte er nicht strikt seinen Zielen folgen und dabei über Leichen gehen. Aber dennoch sollten für ihn Geld, Macht und eigene Familie im Vordergrund stehen. Er steht zu diesen Dingen und beschützt sie. Auch sind diese Punkte wichtig für ihn selber und dienen ihm als Stütze. Für Frauen sind die Punkte interessant, da sie Merkmale für einen potentiellen und zuverlässigen Partner sind.

Dennoch sollte der Mann stark sein. Neben Muskeln gilt dies für seinen Charakter haben. Selbstbewusstsein und sich nicht mit Ängsten und Sorgen das Leben schwer machen wirken unattraktiv. Denn Sorgen machen sich Frauen schon genug. Daher brauchen sie einen soliden Partner an ihrer Seite, der sie stützt. Ein gewisser Macho, der aber in den richtigen Situationen auch Gefühle und vor allem Mitgefühl zeigen kann. - Aber bitte nicht in der Öffentlichkeit -.

Männer sollen wissen, was sie wollen und dies auch zeigen. Wie bereits geschrieben, ein kleiner Macho und natürlich auch eine gewisse „Bad Boy"-Prise, da dieses denn Mann zu einem Kerl und somit interessant machen. Die Frau hat zudem das Gefühl, er würde sie in bestimmten Situationen beschützen und zu ihr stehen.

Woran Frauen sehr viel liegt ist, wenn Männer ihr Wort halten und zu diesem auch stehen. Damit zeigen sie Zuverlässigkeit und die Übernahme von Verantwortung.

Verantwortung nicht nur in den Handlungen und im Leben, sondern auch mit der eigenen Umwelt und dem eigenen Umfeld. Dazu gehören auch Ordnung und Sauberkeit. Denn die Wohnung eines Mannes spiegelt oft sein wahres Ich wieder. Zu viel Ordnung, Hygiene und Pingeligkeit wiederum schrecken ab, da Putzfreaks und Ordnungsfanatiker alles andere als Geborgenheit und Gemütlichkeit ausstrahlen. Gemütlichkeit bedeutet auch dass er nicht ständig darauf achtet, wie er aussieht. Auch Boxershorts pur an einem Gammeltag können sehr sexy sein (solange sie sauber sind).

Aber was Frauen am meisten an Männern mögen, wenn er in der Öffentlichkeit zeigt, dass es seine Frau ist und ihr das Gefühl gibt, dass sie die Einzige für ihn auf der Welt ist (und es auch wirklich so ist).

Die Frau ist kein Raubtier.
Im Gegenteil, sie ist die Beute,
die dem Raubtier auflauert.
(José Ortega y Gasset)

Urin und Kleintiere

Nur mal so ein Einwurf von eigentlich unnützem aber interessantem Wissen:

Bevor es den Schwangerschaftstest zum draufpinkeln mit den Streifen gab, wurde zum Feststellen der Schwangerschaft einer Frau ihr Morgenurin einem Kaninchen injiziert. Einige Tage später wurde dann untersucht, ob das Kaninchen einen Eisprung hat oder nicht. Wenn es einen hatte, so bedeutet dies, dass auch die Frau schwanger ist.

Der Test wurde noch im letzten Jahrhundert durchgeführt und kommt von den deutschen Gynäkologen Bernhard Zondek and Selmar Aschheim.

Welch ein Unterschied zwischen Freundschaft und Liebe! Die eine ein lichter Tempel, die andere ein ewig verhülltes Mysterium.
(*Eduard von Hartmann*)

Groß gleich groß

Eigene (obskure) Gedanken

Auffällig ist, dass viele Paare sehr unterschiedliche Größen haben. Also, Körpergrößen - nicht Körbchengrößen -. Viele große Männer haben kleine Frauen. Allerdings haben eher weniger kleine Männer große Frauen.

Meistens sucht man sich ein Partner mit ähnlicher Größe, denn dies vereinfacht Vieles; küssen, umarmen, Sex (69, Sex im Stehen, usw.).

Frauen angeln sich gerne große Männer, da diese eher als Beschützer wirken als kleinere Männer. Es kann aber auch einen anderen Grund haben. Den Gleichen wie bei den Männern. Der Penis.

Kann es nicht auch sein, dass große Männer sich kleine Frauen suchen, da sie das Gefühl haben, ihr Durchschnittspenis wirkt bei kleinen Frauen größer (da sie ja auch bestimmt nicht so tief sind)? Ebenso könnten ja Frauen denken. Große Männer, große Penisse? Also auch kleine Frauen und weniger Tiefe???

Denkt mal drüber nach

PS: Ich kann die obskure These nicht bestätigen. Denn viele große Männer haben auch kleine Penisse und viele kleine Frauen sind tiefer, als sie von außen scheinen... Allerdings ist der Größenunterschied bei den meisten Pärchen sehr auffällig.

You treat a lady like a dame, and a dame like a lady.
(Frank Sinatra)

One more try

(Auch wenn ich davon ganz und gar kein Fan oder Befürworter bin, hier dennoch ein paar Tipps, wie man seine(n) Ex evtl. zurückbekommt.)

Schon Siw Malmquist sang das bekannte Lied „Liebeskummer lohnt sich nicht, my Darling, schade um die Tränen in der Nacht". Und wie Recht sie damit hat. Dennoch denken die Meisten nach der Trennung nicht daran, wie es nun vorwärts geht, sondern wie man seine Geliebte wieder zurückerobern kann. Hierbei sollte man sich allerdings nicht zu sehr von seinen Emotionen leiten und lenken lassen, da diese schnell zu unüberlegten Handlungen führen.

Wichtig ist, nach der Trennung erst einmal Abstand voneinander zu gewinnen. Sie nicht mehr anrufen, nicht mehr schreiben, nicht mehr treffen und nicht mehr „zufällig" über den Weg laufen. Ebenso wenig stalken oder Kontakt zu ihren Freunden halten. Das bringt nichts, außer noch mehr verletzt zu werden.

Am besten ist es, die Nummern und Kontaktdaten zu löschen. Aber dann kann man sie ja auch gar nicht mehr zurückbekommen?! (Ein ganz heißer Tipp: Es gibt im Internet Portale z. B. als O2-Kunde. Hier kann man SMS-Versendungen planen. Also einfach eine SMS an die Ex formulieren a la „Wie geht es dir? Hättest du vielleicht. mal Lust auf ein Eis?" und dann diese SMS an ihre Handynummer zu einem späteren Zeitpunkt, wie acht bis neun Wochen versenden lassen. Der Absender ist die eigene Handynummer. Nun kann man auch ihre Kontaktdaten löschen – das verhindert nämlich auch peinliche Jammer- und Bettel-SMS oder Anrufe im betrunkenen Zustand -

. Die SMS wird dann zu dem gewünschten Zeitpunkt versendet. Zu diesem hat man meistens die Trennung bereits etwas verarbeitet. Kommt dann also eine Antwort, ist es eine Überraschung und als Sahnehäubchen die Handynummer der Ex. Wenn sie sich nicht auf die SMS reagiert, bekommt man das Ignorieren ihrerseits nicht mit, da man die Nachricht eh schon etwas vergessen hat und nicht mehr mit Kontaktaufnahme rechnet).

Schafft man das Abstandhalten und Löschen nicht, ist es wichtig, keinen Druck auszuüben. Denn wenn man droht oder Druck auf den Expartner ausübt, so wirkt die unattraktiver und verzweifelter. Auch betteln hilft nichts. Denn ein „Ich kann ohne dich nicht" klingt verzweifelt, schwach und unselbstständig. Besser ist ein „Ich möchte dich zurück".

hat man den Abstand für eine gewisse Zeit gehalten, sollte man diese Zeit nutzen um sich selber zu Pimpen. Hierzu gehören nicht nur Körperpflege, Sport und Pflege seiner sozialen Kontakte. Wichtig ist, beim ersten Treffen nach der Trennung wieder attraktiv, sexy, interessant und unwiderstehlich und somit für seinen Expartner wieder interessant zu wirken. Dadurch könnte sie sich eventuell wieder neu in einen verlebt oder es zumindest die Trennung bereuen.

Wichtig für diese Wirkung ist auch, dass man selber mit sich und seinem Leben im Reinen ist und Selbstzufriedenheit. Zwar ist es okay, sich nach der Trennung ein paar Tage gehen zu lassen und zu trauern, aber dann sollte man sich wieder um sich selber kümmern, raus gehen, andere Leute (vor allem Frauen) treffen und das Leben genießen. Eine Trotzeinstellung einnehmen, nach dem Motto „jetzt erst Recht," ist der falsche Weg. Stattdessen ist weiterhin zu sich selber stehen und nach vorne blicken angesagt.

Nachdem man ausreichend Abstand gewonnen hat, sollte man über den Grund fürs Scheitern der Beziehung nachdenken. Dabei sind die Fehler auf beiden Seiten zu suchen. Diese Fehler, Makel und Erkenntnisse aufschreiben und sich in schwachen Momenten vor Augen legen, hilft beim sich Sammeln.

Anmerkung: Eine erneute Kontaktaufnahme wirft einen wieder zurück in die Vergangenheit. Alte Erinnerungen kommen wieder hoch, ebenso alte Gefühle. Ob das immer so gut ist, ist jedem selber überlassen. Genauso wie die erneute Kontaktaufnahme und den Versuch die Beziehung wiederzubeleben.

Liebe ist Geduld, Sex Ungeduld.
(Erich Segal)

Bettgeschichten

Bettgeschichten sind nicht immer gleich Bettgeschichten. Es können damit auch nicht-sexuelle Ereignisse gemeint sein.

Und zwar die erste Nacht.

Die erste Nacht mit Übernachten und miteinander schlafen, schlummern, träumen.

Für Viele stellt dieses erste Mal ein größeres Problem dar, als andere erste Male, wie ein Kuss, Sex, Oralsex usw. Denn nachts, wenn wir schlafen, sind wir anders. Gesten, Gefühle, Körperreaktionen und -aktionen können nicht kontrolliert werden. So schnarchen Frauen, Männer pupsen vor ihren Eroberungen und ein Kampf um die Bettdecke beginnt. Aber nicht nur diese Geräusche und Aktivitäten geschehen nachts, die einem am nächsten Morgen einen abschätzenden Blick des Anderen (falls dieser wach war). Viele reden im Schlaf, treten um sich oder sabbern Bettkissen und/oder -decke voll.

Sehr unangenehm. Vor allem für frisch verliebte.

Dabei sollte man sich bewusst sein, dass man sich und seine Taten, Handlungen und sein eigenes Benehmen in diesem Zustand nicht kontrollieren kann. Man ist in dem Moment nicht Herr über sich selber. Der Andere sollte dies ebenfalls einsehen und so akzeptieren. Schließlich weiß sie selber nicht, was nachts mit ihr passiert.

Durch die Leidenschaften lebt der Mensch, durch die Vernunft existiert er bloß.
(*Nicolas Chamfort*)

Im Alter liegt die Wahrheit

Heutzutage ist es, vor allem für die jüngere Generation, schwierig, sich sexuell komplett hinzugeben.

So erleben viele junge Frauen keinen richtigen Orgasmus mehr. Sie können sich nicht fallen lassen und denken, sie müssen wie die Darstellerinnen in Pornos agieren.

Dies liegt vor allem an dem immer jünger werdenden Konsumenten der Pornos und anderen Anschauungsmaterialien. Männer und Frauen verinnerlichen dementsprechend mit zunehmend geringerem Alter diese Darstellungen. Sie verinnerlichen das Gesehene und glauben, so reagieren und agieren zu müssen.

Zudem geht die heutige Gesellschaft immer mehr davon aus, dass sich die folgenden Generationen durch die neuen Medien zunehmend selber aufklären. Mädchen lernen nicht mehr wirklich, was ein Orgasmus ist; sie denken, das „Rumzucken" ist bereits der Orgasmus und wissen nicht, dass hierzu noch mehrere Körperabläufe und -reaktionen gehören. So werden kleinste heftige Erregungen von ihnen bereits als Orgasmus gedeutet.

Auch trauen sie sich nicht, sich komplett hinzugeben und fallen zu lassen; schließlich wollen sie für ihren Sexualpartner in jeder Lage sehr gut aussehen (sogar beim Joggen top gestylt).

Bei Männern ist dies ähnlich. Sie verinnerlichen die Bewegungsabläufe und Verhaltensmuster der Filme und führen diese dann während des Aktes aus. Da die Frauen derartige Filme ebenso gesehen haben, reagieren sie dementsprechend.

Auch Männer glauben, dass ihr Orgasmus das alleinige Abspritzen ihres Samens ist. Dem ist nicht so. Der Orgasmus beim Sex sollte sich für sie anders anfüllen wie das "Druckablassen" unter der Dusche.

Erst im Alter lernen Männer und Frauen auf ihren eigenen Körper und den Körper des Partners zu hören und auf diesen zu achten. Zumindest in der Generation der derzeitig Mid-Zwanziger oder -Dreißiger.

Dies ist kein Appell an die Älteren, sich mit Jüngeren zu Vergnügen oder umgekehrt um das Wissen weiterzutragen. Ein offener Umgang mit dem Thema reicht bereits um Einiges in diesem Bereich zu verändern. Allerdings ist die zuerst genannte Option auch eine gute Möglichkeit.

Platonische Liebe ist vegetarischer Sex.
(Karl Weigand)

Es kommt auf die Geste drauf an

Es gibt nie den richtigen Zeitpunkt. Sondern nur falsche Zeitpunkte!

Es ist egal, ob man einen tollen Ring hat, ob es in einem Restaurant oder einem anderen wunderbar romantischen Ort stattfindet. Allein schon das Metallgestell der Sektflasche oder ein Ring aus einem Kaugummiautomaten, an dem man „spontan" vorbeikommt, sind viel romantischer. Es zählen die Geste und natürlich die Worte, also wie man es sagt.

Allerdings sollte man nicht zu lange überlegen es zu tun. Denn irgendwann will der Partner auch nicht mehr warten und ist weg.

Versuchungen sollte man nachgeben. Wer weiß, ob sie wiederkommen!
(Oscar Wilde)

Zögern will gelernt sein

Berührungen sagen viel aus und sind außerordentlich erotisch.

Auch wenn man miteinander schon sehr vertraut ist.

Nach einem langen, intensiven Austausch von Blicken, sollte er sie berühren. Aber nicht wirklich berühren. Kurz vor ihrer Haut, stoppt er kurz um zwei Sekunden später die Handlung zu vollenden. Dieser Stopp verursacht einen gewissen Funken, da sie die Berührung erwartet und herbeisehnt. Die folgende tatsächliche Berührung fühlt sich dann wie lange ersehnt für sie an.

It still strikes me as strange that anyone could have any moral objection to someone else's sexuality. It's like telling someone else how to clean their house.
(River Phoenix)

It's all about the money, money, money

Frauen stehen auf Erfolg, meistens. Aber manchmal ist dieses der Hauptgrund, weshalb sich eine Frau für einen Mann interessiert. Sie ist sozusagen mit seiner Geldbörse zusammen, anstatt mit ihm. Wichtig ist es, dies vorab zu erkennen, was auch relativ leicht geht.

Sollte sie gerne mit ihren wohlhabenden Freundinnen shoppen gehen, lässt sich ständig von dem Mann einladen und freut sich nur über Geschenke, deren Preis im dreistelligen Bereich liegen, so sollte der Mann lieber die Finger von ihr lassen. Besonders offensichtlich ist dies, wenn der Mann eher klein, dick und kahlköpfig ist, die Frau hingegen glatt als Schwester eines Models durchgehen könnte. Auch wenn er sich nach Liebe, Aufmerksamkeit und Zuneigung sehnt, so kann man diese nie erkaufen. Irgendwann kommt sonst ein sehr bitteres und teures Ende.

Wissen nebenbei

Fremdgehen..

Zwei von drei Frauen gehen fremd, da sie neue Erfahrungen außerhalb des heimischen Liebesnestes machen wollen.

Es ist daher gut, ab und zu mal neue Dinge mit seinem Partner auszuprobieren und nach seinen Wünschen und Ideen zu fragen oder selber neue mit einzubringen.

Versöhnungssex?

Leider ist eine mit viel Sex beglückte Beziehung nicht immer gleich glücklich. Allerdings hilft Sex bei der Versöhnung, da sich bei den Partnern dann wieder ein "wir"-Gefühl einstellt.

Shave it

Die meisten Frauen mögen Bärte bei Männern sehr gerne. Dabei ist sogar die Art fast egal (Schnauzer sind sehr unbeliebt!). Auch Beinhaare sind in Ordnung bei den Ladies. Was allerdings gar nicht geht sind Haare am Rücken. Hiervon sind mehr als die Hälfte der Damen abgeneigt. Gefolgt vom Intimbereich, Brust und den Achseln.

Breakfast

Morgendlicher Sex ist in Slowenien als "Hahnenfrühstück" bekannt.

Schweinkram

Künstliche Pheromone werden aus Duftdrüsen von Schweinen nachgebaut. Für einige Frauen ruft dieser Duft aber eher Eifersucht anstatt Leidenschaft hervor.

Die Eier des Columbus..

Kolumbus brachte aus Amerika nicht nur Schokolade, Kaffee und Kartoffeln mit. Leider importiere er auch Geschlechtskrankheiten, wie Syphilis.

Schnibbeleien

Die Zahl der chirurgischen Eingriffe ist in den letzten Jahren drastisch gestiegen.

Neben den bekannten Tatorten wie Brust, Bauch und Gesicht, kommen nun die Geschlechtsteile unters Messer. Penisvergrößerungen, Scharmlippenverkleinerung oder -straffung, Lifting der Hoden usw.

Dazu sollte man allerdings wissen, dass entgegen des Plans, diese Eingriffe eher zu einer Verschlechterung des Geschlechtsverkehrs führen. Zudem kosten sie unnötig Geld (Penisvergrößerung, 3 cm, 3.000,00 EUR) und verursache große Schmerzen.

Nachwort

How do you like it?

Sex ist eine wunderbare aber manchmal auch echt komplizierte Sache. Vordergründig sollte es beim Sex um die innere, ungehemmte Lust gehen und darum sich auf den Partner einzulassen und gegenseitig zu spüren. Es geht um den Spaß, um das Lustempfinden und nicht um bestimmte (außergewöhnliche) Stellungen und Praktiken und (nicht immer unbedingt) die zwanghafte Befriedigung der Triebe.

Viele sehen Sex jedoch als Arbeit an, bei der nur ständig die unterschiedlichen Stellungen ausprobiert werden. Der Geschlechtsverkehr baut einen Druck auf, den Partner zu befriedigen oder selbst befriedigt zu werden. Um dies gekonnt zu bewerkstelligen, werden Stellungen ausprobiert, Bücher gelesen um anschließend während des Aktes alles Gelernte umzusetzen.

Dabei schaltet der Kopf meistens nicht aus, sondern arbeitet mehr als der Rest des Körpers. Man konzentriert sich auf alles andere, nur nicht auf den eigentlichen Akt. Es ist keinen Spaß, sondern harte Arbeit. Beim Sex soll man sich gehen und alles auf sich zukommen lassen; mit allen Sinnen genießen und bloß nichts planen!

Heutzutage ist jeder schon in jungen Jahren aufgeklärt. Sei es durch die Schule, Freunde, Eltern oder die Medien. Hingegen muss zwischen Aufgeklärtheit und sexueller Reife unterschieden werden. So bedeutet es nicht, dass ein aufgeklärter Mensch viel Geschlechtsverkehr hat oder jemand, der in dem Thema belesen ist, auch lustvolle Beziehungen führen kann.

Die permanente Konfrontation mit Sex in jeder Lebenslage und an jedem Ort führt in der Gesellschaft eher zu einer hysterisierten Geilheit und dies wiederum zu Lust- und Beziehungsstörungen. Denn man muss jederzeit bereit für Sex sein. Es also können und auch dementsprechend sexy aussehen. Und wenn man keine Zeit dafür hat, so hilft die Chirurgie oder Pharmakologie nach. Das sexuelle Innenleben wird bei der ganzen Reizüberflutung komplett ausgeblendet.

Dabei ist Geschlechtsverkehr die beste Tätigkeit, sich rundum wohl zu fühlen. Doch nur Sex mit dem richtigen Partner ist gut und die Basis für ein gesundes Leben. Es geht nicht um das „dumm durch die Gegend Vögeln" in der Hoffnung, guten Sex zu erhalten (jeder bekommt den Partner, den er verdient).

Sicherlich ist es nicht einfach, dieses umzusetzen, denn manchmal überkommen Einen die Triebe. Und klar sollte man diese dann nicht unterdrücken, sondern sich gehen lassen und die Bedürfnisbefriedigung - also es treiben wie die Tiere -. Denn gerade wenn man Stress und Hektik hat oder einfach nur seinen Trieben folgen möchte, sollte man dies tun. Denn Sex ist ein gutes Mittel, um wieder herunterzukommen und locker zu werden. So kann man sich dann auch wieder auf intensive, sexuelle Erlebnisse einlassen und konzentrieren.

Wie bereits erwähnt, dürfen beide nicht verkrampft sein. Lachen gehört ebenso dazu wie Stöhnen (gerne auch laut - denn wenn man sich darauf konzentriert leise zu sein, lässt man sich ja ebenfalls nicht gehen), und Körperflüssigkeiten. Also vor, während oder nach dem Akt nicht daran denken, was die Nachbarn sagen oder dass danach die Bettwäsche gewaschen werden muss!

Guter Sex ist die Lust auf den eigenen Körper und den Körper des Partners.

Der Psychiater und Psychoanalytiker Hans-Joachim Maaz hat guten Sex mit Schießen verglichen: „spannen, laden, entladen und entspannen. Die Spannung ist ein Grundbedürfnis, dass in jedem Menschen vorhanden ist, der dies aber zulassen muss, um sich und den Partner aufzuladen. Die Energie strömt in die Genitalien. Dies sei ein mechanischer Prozess mit der Formel: Je besser man lädt, desto besser kann man sich entladen."

Doch für Viele ist Sex nicht nur eine Körperlust. Denn während des Aktes wird das Gehirn mit zig unterschiedlichen Hormonen bombardiert, die ein Gefühlschaos auslösen.

Dadurch werden beim Sex auch Gefühle gezeigt, was zum Problem werden kann. Denn für viele bedeutet dies das Risiko, beim Sich-Öffnen die Kontrolle zu verlieren und verletzt zu werden. Man muss sich also auch vor dem Akt im Klaren sein, was man selber will. Ob es wirklich nur um die Lust geht oder ob die Hoffnung auf etwas anderes im Vordergrund steht. Denn wenn beide unterschiedliche Intentionen haben, sollte man lieber auf den Sex verzichten und sich jemand gleichgesinnten suchen. Gewiss muss Gefühle zeigen nicht immer bedeuten, dass man sich verliebt oder den anderen lieben wird. Es kann auch einfach nur Zuneigung zu jemand sein, sich mögen oder respektieren und nicht sich gegenseitig hassen.

Doch Gefühle zeigen bedeutet ja auch nicht gleich lieben oder hassen. Emotionen zählen. Dazu gehört lachen, ebenso hinzu wie weinen.

Auch gibt es neben dem puren Lustempfinden auch noch andere Gründe, Sex zu haben. Männer (die Gruppe der

Frauenversteher) lassen hierbei ihren Mutterkomplex an der Partnerin aus. Die andere Fraktion versucht, das Defizit mit übertriebenem Selbstbewusstsein auszugleichen („Und, wie war ich?!").

So hat jeder seine Kanten und Macken.

In erster Linie sollte man darauf achten, dass man die gleichen Intentionen hat und beim Sex respektvoll miteinander umgeht und nicht verkrampft ist, sondern alles einfach auf sich zukommen lässt und den Körper des Partners und seinen eignen Körper spürt und dieses dann auch genießt.

Fazit: alles einfach auf sich zukommen lassen, ungehemmt sein und alles nicht zu ernst nehmen. Aber das weiß eigentlich jeder bereits, … irgendwie ;)

- Habt euch lieb und Spaß am Sex mit Anderen und euch selber! -

Literatur

- Quirk, Joe. Die Wahrheit. 2007. Ullstein Buchverlag GmbH, Berlin.
- Schnarch, David. Die Psychologie sexueller Leidenschaft. 12. Auflage, 2009. Piper Verlag GmbH, München
- West, Anne. Handbuch für Sexgöttinnen. 2007. Th. Knaur Nachf. GmbH & Co. KG, München

www.ingramcontent.com/pod-product-compliance
Lightning Source LLC
Chambersburg PA
CBHW070932230426
43666CB00011B/2415